GEYS GERSON

GEYS GERSON

GEYS GERSON

# Prepárate para
# PERDER

La Cruda Verdad que Desgarra tu Existencia

GEYS GERSON

---

GEYS GERSON

GEYS GERSON

# Prólogo

Prepárate para perder. No es un título atractivo, ni una promesa de éxito fácil. Es una advertencia, una revelación de lo que realmente te espera cuando la vida te arranque todo. Este no es un libro sobre cómo ganar, ni sobre la fantasía de mantener el control. Este libro es sobre el caos, el miedo, la incertidumbre y la realidad implacable que nos enfrenta a nuestras propias debilidades. Aquí, no voy a endulzar la verdad.

Si esperabas una guía de autoayuda que te haga sentir cómodo, ciérralo ahora. Si buscas soluciones rápidas o promesas vacías de "superación personal", este no es el lugar. Lo que estás a punto de leer es crudo, honesto y, en ocasiones, brutal. Pero también es necesario.

Nos han enseñado a temer la derrota, a huir del fracaso como si fuese la plaga. Te han mentido. El fracaso no es algo que puedas evitar, es algo que debes enfrentar de frente, con los puños apretados y el alma desnuda. Porque es en esos momentos, cuando todo se derrumba, cuando realmente descubres quién eres.

Este libro no te promete una vida sin dolor. Te prepara para perder. Para aprender de cada caída. Para transformar ese miedo profundo en la confianza más feroz que jamás hayas sentido. Prepárate para perder, porque solo aquellos que se atreven a enfrentar su peor miedo son los que finalmente encuentran su verdadero poder.

Aquí no hay fórmulas mágicas ni atajos. Solo lecciones duras que pocos están dispuestos a escuchar. ¿Estás listo? Porque al terminar este libro, ya no serás el mismo.

El objetivo de "Prepárate para Perder" es desmantelar las ilusiones que rodean el éxito y la superación personal, enfrentando a los lectores con la verdad desnuda del fracaso. A través de una perspectiva cruda y honesta, este libro busca prepararte para abrazar la derrota, no como un obstáculo, sino como un maestro.

Su propósito es que aprendas a perder sin miedo, a descubrir la fuerza que yace en cada caída y a convertir ese miedo en una confianza inquebrantable que te impulse a seguir adelante, sin importar cuántas veces la vida te derribe. Aquí, no ganarás evitándolo todo; ganarás enfrentándolo todo.

A lo largo de estos 28 capítulos, desnudaré cada matiz de la pérdida y la dificultad, obligándote a enfrentar tus propias experiencias con una intensidad brutal. No encontrarás consuelo en estas páginas; lo que busco es incomodarte, desafiarte a cuestionar las mentiras que te has contado y descubrir la verdad más cruda de tu existencia.

Cada capítulo es un golpe más en un proceso de reflexión profunda y aplicación real. La estructura del libro te llevará por un recorrido implacable, donde el dolor se convierte en una fuente inagotable de poder y claridad. Te invitaré a dejar de ver el sufrimiento como un enemigo, y a reconocerlo como la oportunidad más valiosa para tu crecimiento.

Índice

Capítulos


1. La Dulce Agonía de Perder
2. Cicatrices del Primer Fracaso
3. Aprendiendo en la Caída
4. Abrazando el Abismo
5. Salir del Barro
6. Corazones Rotos
7. Traiciones y Caídas
8. La Dura Realidad del Despido
9. Esperanza en la Desesperación
10. Ruina Total
11. Ego en Caída Libre
12. El Peso de la Enfermedad
13. El Vacío de los Ausentes
14. El Sueño Académico
15. En Busca de Sentido
16. Perderse para Encontrarse
17. Perdonar para Sanar
18. La Herida de la Medida Injusta
19. Sueños Rotos
20. Dejar Ir
21. Aprendiendo a las Buenas o a las Malas
22. En Guerra y Sin Armas
23. Enciende tu Mañana
24. La Magia del Ahora
25. Ríes y Resplandeces
26. Explora el Lujo en lo Cotidiano
27. Recuerdos Dorados
28. Ascenso desde el Abismo

GEYS GERSON

# 1

# La Dulce Agonía de Perder

**Descubriendo la Importancia de Aceptar Que Perdiste**

GEYS GERSON

El instante en que el suelo se desploma bajo nuestros pies es uno de los más desconcertantes. La Pérdida no solo nos golpea con una intensidad implacable, sino que también arrastra consigo las ilusiones y esperanzas que habíamos tejido con cuidado. La sensación de fracaso es como un vacío que se abre en nuestro interior, un abismo que parece devorarnos desde dentro. Este dolor es una experiencia visceral que desafía nuestras nociones de control y seguridad. En ese preciso momento, el mundo se vuelve más oscuro, y el peso del fracaso se convierte en una carga casi insoportable.

Enfrentarse a la Pérdida es como estar en medio de una tormenta perfecta, una mezcla caótica de desesperanza y confusión. Cada Pérdida, por pequeña que sea, puede desencadenar una serie de emociones intensas que parecen interminables. La sensación de haber fallado, de no haber cumplido con nuestras expectativas o con las expectativas ajenas, es abrumadora. Este dolor nos consume, y en su interior se esconde un misterio profundo: la verdadera importancia de aceptar y enfrentar nuestras pérdidas.

## El Sufrimiento como Espejo Brutal

El sufrimiento de perder actúa como un espejo brutal, un reflejo que revela nuestras debilidades más ocultas y nuestros miedos más profundos. En este espejo, las ilusiones se desvanecen y solo queda la verdad desnuda.

Lo que vemos en este reflejo no es una imagen idealizada de nosotros mismos, sino una representación cruda y sin adornos de nuestra realidad.

Este espejo brutal no solo muestra nuestras fallas, sino que también saca a la luz nuestra fragilidad y vulnerabilidad. Nos obliga a enfrentar las verdades más dolorosas sobre nosotros mismos, verdades que preferiríamos ignorar.

Aceptar la visión que este espejo nos ofrece es un acto de valentía. Nos enfrentamos a nuestras inseguridades y a la dura realidad de nuestra falta de control. En este proceso, la aceptación no es una rendición, sino un reconocimiento de nuestra humanidad.

## El Misterio de la Transformación en la Pérdida

En el corazón de esta tormenta emocional, surge un misterio inquietante: ¿cómo puede el dolor de perder convertirse en una fuerza transformadora? La Pérdida, a pesar de su crueldad, tiene el potencial de desatar un proceso de metamorfosis profunda. El sufrimiento desafía nuestras percepciones y nos impulsa a confrontar nuestras sombras más oscuras. En esta oscuridad, encontramos la oportunidad de descubrir una nueva perspectiva, una que nos permite ver el fracaso no como una condena, sino como una oportunidad para el crecimiento personal.

La dulce agonía de perder no solo nos desafía a enfrentar la realidad de nuestra situación, sino que también nos invita a explorar nuevas formas de entender y manejar nuestras emociones. La transformación no es un proceso inmediato ni fácil; está llena de incertidumbres y sombras. Sin embargo, es precisamente en este proceso de aceptación y enfrentamiento del dolor donde encontramos las semillas de un cambio profundo y duradero.

## Lecciones Encriptadas en el Dolor

Cada Pérdida lleva consigo lecciones ocultas, encriptadas en las profundidades del sufrimiento. Estas lecciones no se revelan de inmediato; requieren tiempo y una profunda reflexión. El aprendizaje que emerge del dolor de perder es un proceso complejo y gradual.

La sabiduría que obtenemos del sufrimiento se encuentra en nuestra disposición para explorar nuestras propias limitaciones y aceptar la realidad de nuestras pérdidas.

El dolor de perder nos enseña a enfrentar nuestros miedos, a aceptar nuestra vulnerabilidad y a encontrar fortaleza en la adversidad. La aceptación de la Pérdida no es un acto de rendición, sino una apertura a una nueva visión de nosotros mismos. A través de esta aceptación, nos preparamos para enfrentar futuros desafíos con una renovada claridad y resiliencia. Cada Pérdida se convierte en una oportunidad para descubrir algo nuevo sobre nosotros mismos y sobre nuestra capacidad para superar la adversidad.

**2**

# Cicatrices del Primer Fracaso

Las Marcas Indelebles de Nuestros Primeros Tropiezos

GEYS GERSON

GEYS GERSON

El primer fracaso, ese devastador golpe que nos asalta cuando menos lo esperamos, deja cicatrices indelebles. Es un impacto tan brutal que parece resquebrajar los cimientos de nuestras expectativas y sueños. Este primer tropiezo, sin importar si ocurre en el ámbito personal, profesional o académico, se convierte en una experiencia que cambia nuestra percepción del mundo.

La sensación de haber fallado por primera vez es profundamente desoladora, y el eco de esa Pérdida puede resonar en nuestra mente mucho después de que el evento haya pasado.

Cada uno de nosotros lleva una historia marcada por este primer gran fracaso. Tal vez fue un proyecto que no alcanzó sus metas, una relación que se desplomó o una oportunidad que se desvaneció en el aire. Lo que importa no es la magnitud del fracaso, sino la profundidad del dolor que nos deja. Este dolor es más que una sensación pasajera; es una herida que nos obliga a confrontar nuestra vulnerabilidad. Es un dolor que se manifiesta en nuestra autoestima, en nuestras expectativas y en nuestra visión del futuro.

**La Herida Emocional**
**Un Rastro de Desesperanza**

El primer fracaso deja una herida emocional que parece no sanar. Esta herida es un rastro persistente de desesperanza, un eco constante que susurra las preguntas más inquietantes: ¿Por qué no funcionó? ¿Qué hice mal? ¿Cómo pude haber sido tan ingenuo? El peso de esta herida emocional puede ser abrumador, como un manto oscuro que cubre cada rincón de nuestra vida.

El dolor del primer fracaso a menudo está acompañado de una sensación de desilusión. La ilusión de que todo saldrá bien, de que el éxito es algo asegurado, se desmorona abruptamente. Esta desilusión es un golpe directo a nuestras expectativas y creencias fundamentales.

El proceso de enfrentar este dolor puede ser tan complejo como el mismo fracaso. La desesperanza se convierte en una sombra persistente, que oscurece incluso los momentos de alegría y éxito.

**El Misterio de la Recuperación y la Creación de Resiliencia**

El camino hacia la recuperación del primer fracaso es un laberinto lleno de incertidumbres. La resiliencia, ese poder aparentemente inalcanzable para levantarse después de la caída, se construye lentamente. Este proceso de recuperación no sigue una línea recta; es un viaje lleno de curvas inesperadas, giros sorpresivos y momentos de duda. Enfrentar el primer fracaso significa atravesar un terreno inexplorado donde cada paso hacia adelante está marcado por la incertidumbre.

A medida que uno empieza a recuperarse, surgen interrogantes profundos: ¿Cómo se reconstruye la confianza en uno mismo después de un golpe tan fuerte? ¿Cómo se vuelve a encontrar la motivación cuando todo parece en ruinas? La respuesta a estas preguntas no es sencilla. La recuperación implica un proceso de reconstrucción que comienza con la aceptación del dolor y la reflexión sobre el fracaso. A través de esta aceptación, uno comienza a desentrañar las lecciones ocultas en el sufrimiento.

El misterio de la recuperación radica en la forma en que cada individuo encuentra su propio camino hacia la superación. Algunos pueden hallar fortaleza en la reflexión personal, mientras que otros encuentran apoyo en sus relaciones o en nuevos proyectos. La resiliencia se forma a partir de la capacidad de enfrentar el dolor y utilizarlo como un trampolín para el crecimiento personal. Esta transformación no ocurre de inmediato; es un proceso gradual que requiere paciencia y perseverancia.

**Lecciones Ocultas en la Primera Pérdida**

El primer fracaso, aunque doloroso, encierra lecciones profundas que pueden ser difíciles de reconocer en el momento. Cada Pérdida ofrece una oportunidad para el aprendizaje y el crecimiento personal. A medida que se procesa el dolor y se enfrentan las preguntas incómodas sobre el fracaso, emergen lecciones que desafían nuestras percepciones y creencias. Una de las lecciones más significativas del primer fracaso es la realización de que el éxito no está garantizado. La vida está llena de incertidumbres y desafíos, y aprender a navegar por ellos es una habilidad esencial.

Este primer fracaso enseña que no siempre podemos controlar los resultados, pero sí podemos controlar nuestra respuesta a ellos. Aprender a aceptar y enfrentar estas lecciones es crucial para el desarrollo personal y la preparación para futuros desafíos.

El primer fracaso también revela nuestras fortalezas ocultas y capacidades para superar la adversidad. A medida que uno enfrenta y procesa el dolor, se descubre una capacidad interna para resistir y seguir adelante. Estas lecciones de fortaleza y resiliencia son fundamentales para enfrentar futuros obstáculos con una nueva perspectiva.

El aprendizaje del primer fracaso va más allá de la simple aceptación del dolor. Implica una profunda reflexión sobre las propias expectativas y una disposición para ajustar las metas y estrategias en función de las lecciones aprendidas. Cada fracaso ofrece una oportunidad para examinar nuestras creencias sobre el éxito y la capacidad de enfrentar desafíos. A través de esta reflexión, encontramos las herramientas necesarias para construir una base sólida para el crecimiento y la resiliencia

---

GEYS GERSON

# 3

# Aprendiendo En la Caída

Lecciones valiosas escondidas en cada pérdida

GEYS GERSON

GEYS GERSON

El dolor, con su intensidad implacable, se revela como un maestro despiadado, que barre nuestras defensas más profundas y nos confronta con la realidad absoluta de nuestra existencia. No es un simple visitante en nuestras vidas; es una fuerza brutal que desmantela nuestras ilusiones y revela las grietas más oscuras de nuestro ser. Cada golpe de dolor no solo hiere, sino que expone la crudeza de nuestra existencia, obligándonos a enfrentar una realidad que preferiríamos ignorar. En este capítulo, nos adentraremos en la crudeza del sufrimiento, explorando cómo, en su forma más brutal y directa, puede desmantelar y reconstruir nuestras almas.

## El Dolor como Forjador de Sabiduría

El dolor tiene una capacidad única para desnudarnos de las capas superficiales de nuestra vida cotidiana y exponer nuestras vulnerabilidades más profundas. La pérdida de un ser querido, la ruptura de un sueño o el fracaso en nuestros empeños más queridos no son simplemente eventos dolorosos; son desintegraciones que exponen la verdad más oscura sobre quienes somos.

Este dolor, al desbordar nuestras emociones, nos lleva a un enfrentamiento despiadado con la realidad. En este dolor, encontramos una sabiduría visceral que ninguna teoría puede ofrecer. Nos enfrentamos a una verdad cruda, donde la experiencia se convierte en la única guía auténtica.

Imaginemos la pérdida de un ser querido: la intensidad de esa experiencia no se puede comparar con ninguna otra. El vacío dejado por la ausencia de una persona amada nos obliga a confrontar nuestra propia vulnerabilidad, a cuestionar la fragilidad de nuestra existencia. En el tormento de la pérdida, encontramos lecciones que trascienden lo superficial, enseñándonos a valorar lo efímero y a enfrentar nuestras emociones más profundas con una valentía renovada.

## El Proceso de Caída y Ascenso

La caída es un abismo insondable donde el dolor se convierte en nuestro único compañero. En este vacío, la desesperación se siente tangible, como una sombra que nos envuelve sin piedad. No hay consuelo aquí, solo la confrontación brutal con nuestra propia fragilidad.

La desesperación se vuelve una presencia constante, una sombra que oscurece nuestro juicio y nos arrastra hacia un abismo de incertidumbre. Sin embargo, es en este lugar de desesperanza donde el verdadero aprendizaje ocurre. Nos enfrentamos a la dura realidad de nuestras limitaciones y, a través de la agonía, descubrimos una fuerza que desconocíamos que teníamos.

Cada caída no es simplemente un desafío; es una revelación brutal de nuestra capacidad para soportar y, eventualmente, trascender. Este proceso de caída y ascenso nos enseña que la verdadera fortaleza no reside en evitar el dolor, sino en enfrentarlo con una resiliencia inesperada. A través de la experiencia más cruda, descubrimos nuestra capacidad para renacer de las cenizas de nuestra desesperación, encontrando un nuevo propósito en medio de la adversidad.

**Lecciones Escondidas en el Dolor**

En el centro del sufrimiento, hallamos lecciones que no se aprenden en la comodidad de la rutina diaria. Cada pérdida es un golpe despiadado que revela lo que se oculta bajo la superficie.

La verdadera fortaleza no surge de evitar el dolor, sino de soportarlo y aprender de él. Cada herida, cada lágrima, cada momento de desesperación lleva consigo una enseñanza profunda. Estas lecciones, aunque dolorosas, son la clave para una transformación auténtica.

El dolor nos obliga a mirar más allá de las apariencias, a cuestionar nuestras creencias y a explorar los rincones más oscuros de nuestro ser. Nos enseña a apreciar la fragilidad de la vida, a valorar lo efímero y a buscar significado en medio del sufrimiento. Cada experiencia dolorosa se convierte en una oportunidad para aprender, crecer y evolucionar. En este proceso, descubrimos verdades profundas sobre nosotros mismos, revelando una fortaleza interna que solo emerge cuando enfrentamos el dolor con una sinceridad despiadada.

**Abrázate y Piensa**

Para realmente entender el dolor, debemos sumergirnos en él sin reservas. No hay red de seguridad en el sufrimiento; solo una inmersión total en nuestras emociones más crudas.

Reflexionar sobre el dolor requiere una honestidad brutal, una disposición a enfrentar nuestras propias debilidades y aceptar que la transformación es un proceso doloroso pero necesario. Solo al enfrentar el dolor con plena conciencia podemos comenzar a sanar y crecer. Cada herida, cada lágrima, cada momento.

La transformación es despiadada. Nadie te dice que el cambio duele más que quedarte en el mismo lugar. Cada herida es una grieta que te abre, cada lágrima es la verdad que has evitado ver. El dolor no es el enemigo, es el maestro. Abraza cada cicatriz, porque en ellas está el fuego que te forja.

¿Quieres sanar?

Entonces, siéntate frente al espejo roto de tu vida y observa, sin apartar la vista. Solo enfrentando la verdad, por dolorosa que sea, empezarás a crecer. Porque el verdadero cambio no sucede en la comodidad, sino en el sufrimiento más profundo. Y lo sabes. Sabes que cada segundo de resistencia te ha robado lo que más anhelas: libertad.

GEYS GERSON

# 4

# Abrazando el Abismo

Enfrentando el Miedo al Fracaso

El abismo del fracaso se abre ante nosotros como un vacío insondable, una caída libre en la oscuridad donde el suelo parece lejano e inaccesible. Este abismo no es solo una sensación de Pérdida, sino un terreno temido y evitado a toda costa.

El miedo al fracaso se infiltra en cada decisión y en cada paso, una sombra que acecha y paraliza. Sin embargo, es precisamente al enfrentarnos a este abismo, al abrazar nuestro miedo en lugar de huir de él, que descubrimos el verdadero potencial de nuestra fortaleza y resiliencia. Este capítulo explora cómo podemos confrontar este abismo con valentía, transformando nuestro miedo al fracaso en una fuente de poder personal y crecimiento profundo.

## El Abismo del Fracaso: Una Realidad Temida

El fracaso, en su esencia más cruda, es un abismo que muchos preferirían evitar a toda costa. La perspectiva de enfrentar nuestras falencias y errores genera un temor tan visceral que preferimos vivir en la complacencia de la mediocridad.

Este abismo es un desafío brutal que desmorona nuestras certezas, y al enfrentarlo, confrontamos la posibilidad de desmoronarnos por completo. Este miedo al fracaso es un reflejo de nuestra vulnerabilidad, un espejo que muestra nuestras inseguridades más profundas.

Cuando nos enfrentamos al fracaso, experimentamos una sensación de vacío que puede ser abrumadora. La inseguridad y el temor de no cumplir con nuestras propias expectativas o las de los demás nos paralizan.

Enfrentar este vacío significa confrontar el hecho de que, a pesar de nuestras mejores intenciones y esfuerzos, los resultados pueden no ser los esperados. Es en este lugar de desilusión donde debemos decidir si nos dejamos hundir o si encontramos la fuerza para seguir adelante.

## La Transformación a Través del Miedo

El miedo al fracaso es una fuerza poderosa que puede paralizarnos o, alternativamente, impulsarnos hacia un crecimiento significativo. Este miedo, si se enfrenta en lugar de evitarlo, puede convertirse en una fuente de transformación personal.

La clave está en cambiar nuestra percepción del fracaso, viéndolo no como un final, sino como un paso esencial en el proceso de evolución personal.

Cada fracaso trae consigo una oportunidad de aprendizaje. Al enfrentarlo, estamos forzados a mirar más allá de nuestras expectativas y a buscar el valor oculto en nuestras experiencias.

El fracaso nos obliga a cuestionar nuestras estrategias, a ajustar nuestras metas y a fortalecer nuestra determinación. Este proceso de adaptación es crucial para nuestro desarrollo personal, ya que nos enseña a ser resilientes y a desarrollar una mayor autoconfianza.

**Desafiando el Miedo: Estrategias para el Crecimiento**

Enfrentar el miedo al fracaso no es un paseo por el parque. Aquí tienes cómo darle la vuelta a ese miedo y usarlo para tu crecimiento:

- ✓ **Reevalúa el Fracaso:** Deja de ver el fracaso como un desastre final. Es una dura lección que revela lo que necesitas mejorar. Examina tus errores sin rodeos. No busques excusas; aprende y ajusta el rumbo.

- ✓ **Acepta la Vulnerabilidad:** Deja de esconder tus debilidades. La verdadera fortaleza es admitir tus fallos y seguir adelante. Reconoce tus miedos como parte del proceso y usa esa aceptación para avanzar con más determinación.

- ✓ **Desarrolla la Resiliencia:** La resiliencia no es algo con lo que naciste; se construye a través de la experiencia. Deja de lamentarte y empieza a fortalecerte. Enfrenta las adversidades con una actitud de superación y aprende a recuperarte rápido.

- ✓ **Establece Metas Realistas:** Deja de soñar despierto con metas imposibles. Define objetivos que sean desafiantes pero alcanzables. Divide tus metas en pasos concretos y trabaja en ellos con firmeza. Celebra cada avance y sigue adelante.

- ✓ **Busca Apoyo:** No enfrentes tus miedos solo. Busca a alguien que te dé una perspectiva dura y real. Usa el apoyo de mentores, amigos o colegas para mantenerte en el camino y superar los obstáculos.

✓ **Practica la Reflexión Personal:** Enfréntate a tus propios miedos y motivaciones sin evasivas. La meditación y el journaling son herramientas para despejar tus pensamientos y entender cómo el miedo te afecta. Reflexiona, ajusta y actúa.

✓ **Visualización Positiva:** Imagina escenarios en los que superas el fracaso y logras el éxito. Usa la visualización para aplastar el miedo y construir una confianza sólida en tus habilidades.

**"Enfréntate al abismo sin titubear y convierte el miedo en tu arma más poderosa. Cada desafío es una oportunidad para salir más fuerte y reconstruido. No te escondas; crece y renace a través del combate."**

GEYS GERSON

# 5

# Salir Del Barro

No hay escape fácil
O te arrastras o te levantas

GEYS GERSON

Imagina un atleta que, después de años de entrenamiento, finalmente enfrenta su mayor desafío: una competición crucial. Ha puesto todo su esfuerzo, su corazón y su alma en este momento. Pero, a pesar de su preparación y determinación, pierde. El fracaso es devastador. ¿Cómo se enfrenta a la Pérdida, cuando el peso del esfuerzo perdido se convierte en una carga insoportable? Este capítulo explora cómo el aprender a perder puede ser una de las experiencias más enriquecedoras de nuestras vidas, transformando la Pérdida en una oportunidad para renacer y crecer.

## La Naturaleza de la Resiliencia

La resiliencia, ese rasgo que nos permite levantarnos después de caer, es esencial para nuestra capacidad de aprender a perder. La psicología positiva nos enseña que el fracaso no es un final, sino una oportunidad para aprender y mejorar. Según Martin Seligman, uno de los pioneros en el estudio de la psicología positiva, el optimismo aprendido y la resiliencia son fundamentales para superar las adversidades. La habilidad para adaptarse, aprender y volver más fuertes de las Pérdidas es crucial para el crecimiento personal.

## El Dolor como Motor de Cambio

El dolor de la Pérdida, aunque difícil de soportar, tiene el potencial de actuar como un poderoso motor de cambio. La neurociencia muestra que las experiencias negativas pueden ser más impactantes en nuestra memoria y aprendizaje que las positivas. Este fenómeno, conocido como la "teoría de la aversión a la pérdida", sugiere que el dolor de perder nos impulsa a buscar soluciones más eficaces y a evitar errores similares en el futuro. Al aceptar el dolor y usarlo como una herramienta para el cambio, podemos fortalecer nuestras habilidades y aumentar nuestra resiliencia.

## Transformando el Fracaso en Fuerza

Aceptar la Pérdida implica reconocer nuestras debilidades y errores, pero también nos brinda la oportunidad de transformarnos. La resiliencia no se trata solo de soportar el dolor, sino de utilizarlo para construir una fortaleza interior.

A través de un enfoque de crecimiento, como lo define Carol Dweck en su investigación sobre la mentalidad de crecimiento, podemos aprender a ver los fracasos como escalones hacia el éxito.

Este cambio de perspectiva nos permite utilizar nuestras experiencias negativas para desarrollar nuevas estrategias y habilidades.

## Lecciones Aprendidas en la Pérdida

Cada Pérdida ofrece una lección valiosa. Al reflexionar sobre nuestras experiencias fallidas, podemos identificar patrones y áreas de mejora. La capacidad para analizar nuestras pérdidas de manera objetiva nos permite aprender de nuestros errores y evitar repetirlos. Este proceso de reflexión es esencial para el desarrollo personal y profesional, ya que nos ayuda a construir una base sólida para futuros éxitos.

## Resurgir del Abismo: Casos Reales de Resiliencia

Numerosos ejemplos de personas que han transformado sus Pérdidas en victorias sirven como inspiración. Desde empresarios que han fracasado en sus primeros intentos y luego han construido imperios, hasta atletas que han superado Pérdidas devastadoras para alcanzar la gloria, la historia está llena de testimonios de resiliencia. Estos casos demuestran que la capacidad para aprender a perder y seguir adelante es una característica común entre los grandes triunfadores.

La realidad es esta: todos enfrentamos el abismo en algún momento. La diferencia entre quienes se hunden y quienes resurgirán es simple: la voluntad de levantarse. Los que han transformado su dolor en poder no son superhombres; son personas comunes que decidieron dejar de llorar por lo que perdieron y empezaron a luchar por lo que aún pueden lograr. No hay magia en el éxito, solo trabajo duro, fracasos acumulados y la determinación de no rendirse. Si quieres ser uno de esos triunfadores, debes estar dispuesto a ensuciarte las manos, a sentir el dolor y usarlo como combustible. Así que deja de buscar excusas y empieza a buscar soluciones. Si ellos pudieron, tú también puedes. El único fracaso real es no intentarlo.

**"Abrazar el dolor, enfrentarlo con valentía y usarlo como un trampolín hacia el éxito es la verdadera esencia de la resiliencia. No temas al fracaso; teme a no aprender de él.**

# 6

# Corazones Rotos

El Valor de las Relaciones Fallidas

GEYS GERSON

El corazón roto es un símbolo universal del dolor más profundo que puede experimentar el ser humano. Las relaciones fallidas, esas que creíamos destinadas a perdurar, pueden dejarnos en ruinas emocionales.

La devastación de una separación, el desgarro de un amor que no prosperó, y la sensación de haber invertido todo en algo que se desmoronó son experiencias abrumadoras.

Pero dentro de esta tormenta de dolor, hay una luz: el verdadero valor de nuestras experiencias amorosas fallidas reside en la sabiduría y el crecimiento personal que podemos extraer de ellas.

Este capítulo explora cómo, a través de la desolación, podemos descubrir la fortaleza, la claridad y la autocomprensión que nos llevan a un nuevo nivel de conciencia y resiliencia.

## El Dolor Profundo de una Relación Fallida

Cuando una relación termina, el dolor puede ser abrumador.
Es más que una pérdida; es una pérdida de sueños compartidos, de un futuro planificado y de una parte fundamental de nuestra identidad.

En el corazón de la ruptura, la sensación de traición, decepción y tristeza puede ser tan intensa que parece como si nunca sanaría. La psicología positiva reconoce que este dolor es una respuesta natural a la pérdida, y nos recuerda que es esencial permitirnos sentirlo para poder procesarlo y eventualmente sanar. Ignorar o reprimir este dolor solo prolonga el sufrimiento y dificulta la recuperación.

## La Frustración y la Autocomprensión: Claves para el Crecimiento Personal

El sentimiento de fracaso y la frustración que acompaña a una relación fallida puede ser aplastante. Sin embargo, esta frustración puede ser una fuente poderosa de autocomprensión y crecimiento personal. La inteligencia emocional nos enseña que, en lugar de ver la frustración como un obstáculo, debemos considerarla como una oportunidad para explorar nuestras emociones más profundas y nuestras motivaciones subyacentes.

Este examen interno puede revelar patrones de comportamiento y creencias limitantes que debemos abordar para poder avanzar con una mayor sabiduría.

**El Valor de la Experiencia: Aprender de lo Que No Funcionó**

Cada relación fallida ofrece lecciones invaluables. Al reflexionar sobre lo que salió mal, podemos identificar áreas en las que necesitamos mejorar, tanto en nuestra forma de relacionarnos con los demás como en nuestra comprensión de nosotros mismos.

La neurociencia sugiere que nuestro cerebro es increíblemente adaptativo y capaz de aprender de las experiencias dolorosas. Esta capacidad de aprendizaje nos permite ajustar nuestras expectativas, cambiar nuestros comportamientos y establecer nuevas formas de relacionarnos con los demás. La sabiduría adquirida a través de estas experiencias nos prepara para relaciones futuras más saludables y satisfactorias.

**Transformación a Través del Dolor: Construyendo una Base Firme**

El dolor de una relación fallida, aunque doloroso, puede ser el catalizador de una profunda transformación personal.

Al enfrentar el dolor y trabajar a través de él, tenemos la oportunidad de reconstruirnos con una base más sólida.

La resiliencia se construye al superar adversidades y al aprender a manejar el dolor de manera constructiva. En lugar de permitir que el dolor nos destruya, podemos usarlo como una herramienta para fortalecer nuestra capacidad de recuperación y nuestra habilidad para enfrentar futuros desafíos con una mentalidad más madura y equilibrada.

**El Empoderamiento de la Autocomprensión: Reescribiendo Nuestra Historia**

La verdadera fortaleza surge cuando entendemos que nuestras experiencias amorosas fallidas no definen nuestra valía. En cambio, estas experiencias nos proporcionan la oportunidad de reescribir nuestra historia con una perspectiva más rica y profunda.

La inteligencia emocional nos enseña que, al aceptar nuestras experiencias, aprender de ellas y usarlas para crecer, podemos empoderarnos para crear una vida más significativa y satisfactoria. La capacidad de convertir el dolor en poder personal es una de las formas más efectivas de autoempoderamiento.

No hay verdades a medias, las relaciones fallidas duelen. Te rasgan, te dejan cicatrices, y a veces parece que te despojan de tu esencia. Pero aquí está el punto: nadie más que tú tiene el poder de decidir qué haces con ese dolor. No puedes quedarte atrapado en el pasado, lamentándote por lo que no fue.

Es hora de dejar de ser la víctima y empezar a ser el héroe de tu propia historia. Cada lágrima derramada puede convertirse en una lección, cada decepción en un paso hacia tu verdadero yo.

No busques el amor afuera si no lo encuentras adentro. La autocomprensión no es un lujo; es una necesidad. Si no te levantas de esta caída, te quedarás estancado, mientras la vida sigue.

Así que, levántate, aprende y sigue adelante. Solo tú puedes reescribir tu historia. ¿Vas a permitir que el pasado te defina o lo usarás como un trampolín para tu futuro? La elección es tuya.

"En el corazón roto de cada relación fallida, se encuentra la semilla de una nueva vida. No permitas que el dolor te hunda; deja que te impulse hacia una mayor comprensión de ti mismo y de lo que realmente deseas. En la fragilidad de tu pérdida, encontrarás la fortaleza para construir un futuro más brillante."

GEYS GERSON

# 7

# Traiciones y Caídas

**La Cruel Verdad de la Soledad**

GEYS GERSON

La vida está llena de momentos brillantes y sombras oscuras, pero pocos son tan profundamente desgarradores como la pérdida de una amistad. Los amigos son las almas que eligen estar a nuestro lado, las personas que compartieron risas, lágrimas y secretos.

Perder a un amigo, una verdadera amistad, es una experiencia que desafía la esencia misma de nuestra humanidad. En el crisol del dolor, descubrimos la crueldad de la soledad y la verdad agridulce de nuestras conexiones humanas. Este capítulo se adentra en ese abismo, mostrando cómo la pérdida de amistades, aunque devastadora, puede ser el catalizador para una transformación personal profunda.

## El Dolor Crudo de la Pérdida

La pérdida de una amistad no es una herida superficial. Es una ruptura en el tejido mismo de nuestra vida. Cuando un amigo se aleja, ya sea por elección, circunstancias o por la inevitabilidad de la vida, el vacío que deja es insondable. La ausencia de su presencia nos confronta con una soledad que puede parecer interminable.

En cada rincón de nuestra rutina diaria, en cada recuerdo compartido, sentimos el eco de su ausencia. El dolor es agudo, implacable, y nos arrastra a un lugar donde nos enfrentamos a la verdad de nuestra propia vulnerabilidad.

Este dolor no debe ser minimizado. Es una experiencia que remueve las capas superficiales de nuestra existencia y nos lleva al núcleo de nuestra humanidad. Enfrentarse a este dolor nos obliga a confrontar no solo la pérdida de una amistad, sino también la realidad de nuestra propia capacidad para ser heridos. Nos enfrentamos a la realidad de que las conexiones humanas, tan vitales para nuestro bienestar, son frágiles y pueden desmoronarse en un instante.

## La Sombra de la Soledad

La soledad que sigue a la pérdida de una amistad es una sombra que se extiende por todos los aspectos de nuestra vida. Los espacios que antes estaban llenos de conversación y compañía ahora parecen vacíos. Las rutinas compartidas se convierten en recordatorios crueles de lo que una vez fue.

Este sentimiento de soledad puede ser abrumador, llenándonos de una tristeza que parece no tener fin.

La soledad es una maestra dura. Nos obliga a enfrentarnos a nosotros mismos de una manera que raramente hacemos en la compañía de otros. En la quietud de nuestra soledad, somos confrontados con nuestras inseguridades, nuestros miedos y nuestras dudas.

Sin el alivio de la compañía constante, nos vemos obligados a explorar las profundidades de nuestra propia mente y corazón. En este espacio de aislamiento, la soledad puede convertirse en una ventana hacia una autocomprensión más profunda, si somos capaces de enfrentarnos a ella con valentía.

## El Valor en la Pérdida

Pero incluso en el corazón de este dolor inmenso, hay una verdad que brilla con claridad: la pérdida de amistades nos ofrece una oportunidad única para el crecimiento personal.

Aunque el dolor es real y la soledad puede ser abrumadora, también hay lecciones poderosas que emergen de estas experiencias dolorosas. Cada amistad perdida es un recordatorio de que nuestras conexiones humanas son frágiles, pero también preciosas. Nos enseña a valorar las relaciones actuales y a buscar la profundidad en nuestras conexiones futuras.

Aprendemos a apreciar el tiempo que tenemos con aquellos que amamos, a ser más conscientes de nuestras palabras y acciones, y a nutrir nuestras relaciones con un sentido de gratitud y presencia.

La experiencia de perder un amigo también nos enseña la resiliencia. A medida que enfrentamos el dolor de la pérdida, desarrollamos una fortaleza interna que nos prepara para enfrentar futuros desafíos.

Aprendemos que, aunque el dolor de la pérdida puede ser inmenso, también es posible sanar y crecer. La experiencia nos proporciona una mayor comprensión de nosotros mismos y de los demás, y nos permite construir una mayor empatía y conexión con aquellos que aún están en nuestras vidas.

## Lecciones de Sabiduría y Conocimiento

La pérdida de una amistad nos ofrece valiosas lecciones sobre la naturaleza de las relaciones humanas. Nos enseña que la verdadera amistad no se basa solo en la proximidad física o en los momentos compartidos, sino en el respeto mutuo, la confianza y el apoyo incondicional.

Nos ayuda a comprender que cada persona que entra en nuestras vidas tiene un propósito y que incluso las amistades que parecen efímeras tienen un impacto duradero en nuestra evolución personal.

En el silencio que sigue a la pérdida, descubrimos un nuevo nivel de autoconciencia. Nos enfrentamos a nuestras propias inseguridades y aprendemos a encontrar la fortaleza dentro de nosotros mismos.

La sabiduría que obtenemos a partir de esta experiencia nos permite abordar futuras relaciones con una mayor profundidad y autenticidad. Aprendemos a ser más conscientes de nuestras propias necesidades y a valorar las verdaderas conexiones que realmente importan.

## Transformación Personal a Través del Dolor

La pérdida de amistades, aunque dolorosa, es una parte esencial de nuestra jornada hacia la autoconciencia y la transformación personal. Nos enfrenta a nuestras propias vulnerabilidades y nos desafía a crecer de maneras que nunca habríamos imaginado. Enfrentar la soledad y el dolor con valentía nos permite emerger más fuertes, más sabios y más conectados con nosotros mismos y con los demás.

El camino hacia la sanación no es fácil, pero es en este proceso donde encontramos las semillas de la transformación personal. Aprendemos a abrazar el dolor como una parte integral de nuestra evolución y a utilizar las lecciones que aprendemos para construir relaciones más auténticas y significativas.

La pérdida de una amistad, aunque dolorosa, es una oportunidad para profundizar en nuestra comprensión de nosotros mismos y para crear una vida más rica y más conectada.

Cada amistad perdida lleva consigo el peso del dolor y la soledad, pero también el potencial para una profunda transformación personal. Enfrentar esta pérdida nos desafía a explorar las profundidades de nuestra propia humanidad y a encontrar la sabiduría que surge del dolor. En el vacío dejado por un amigo, descubrimos el valor de las conexiones humanas y la fortaleza que reside en nuestro interior.

La verdadera enseñanza de la pérdida es que, a pesar de la crueldad de la soledad, siempre hay oportunidades para crecer, aprender y transformar nuestras vidas de maneras que nunca hubiéramos imaginado.

**"A veces, perder un amigo es el primer paso para encontrarte a ti mismo en la inmensidad de tu propia existencia."**

# 8

# La Dura Realidad del Despido

El Fracaso Laboral

GEYS GERSON

La vida laboral está marcada por éxitos y fracasos, pero cuando enfrentamos la pérdida de un trabajo, el golpe puede ser especialmente devastador. La identidad, el propósito y la estabilidad financiera que uno asocia con su empleo se tambalean ante la posibilidad de un despido o un cambio inesperado. Sin embargo, en el dolor y la frustración que acompaña a la pérdida laboral, se oculta una verdad transformadora. Este capítulo explora cómo el fracaso profesional, a pesar de su impacto destructivo, puede abrir nuevas puertas y ofrecer valiosas lecciones para nuestro crecimiento personal y profesional.

## El Desgarro del Fracaso Profesional

Perder un trabajo es una experiencia que puede sentirse como una Pérdida total. El primer impacto suele ser una oleada de emociones intensas: la confusión, la ira, la tristeza y, a menudo, un profundo sentido de insuficiencia. La pérdida no solo afecta nuestro bienestar económico, sino que también sacude nuestra confianza y autoestima.

En el vacío dejado por el trabajo perdido, la duda y el miedo se apoderan de nosotros, haciéndonos cuestionar nuestras habilidades y nuestro valor. Este dolor es real y abrumador. La rutina diaria se interrumpe abruptamente, el sentido de propósito se desmorona, y la incertidumbre del futuro se convierte en una constante presencia. Las despedidas profesionales pueden ser una experiencia humillante y angustiante, dejándonos expuestos a nuestras vulnerabilidades y temores más profundos.

## La Realidad Dura del Fracaso

El fracaso en el trabajo no es solo una pérdida material; es una experiencia que desafía nuestra percepción de éxito y fracaso. Nos enfrentamos a la Verdad Brutal de que el mundo laboral está lleno de incertidumbres y cambios inesperados. Las razones para una despedida pueden ser diversas: desde la reestructuración corporativa hasta el cambio en las dinámicas del mercado, o incluso problemas de rendimiento personal.

Esta realidad puede ser cruel, pero también es una oportunidad para revisar nuestras propias expectativas y percepciones sobre el éxito.

A menudo, vinculamos nuestro valor personal al éxito profesional, y la pérdida de un trabajo puede hacernos sentir como si estuviéramos fallando en lo más esencial. Sin embargo, es en estos momentos de crisis donde podemos encontrar la oportunidad de redefinir nuestras prioridades y explorar nuevas perspectivas.

## La Lección Oculta en la Pérdida

Aunque el dolor del fracaso profesional es profundo, es importante reconocer que esta experiencia puede ser una fuente poderosa de aprendizaje y crecimiento. La pérdida de un trabajo puede ser el catalizador para un cambio significativo en nuestras vidas. A través del proceso de duelo, descubrimos aspectos de nosotros mismos que de otro modo podrían haber permanecido ocultos.

Cada fracaso profesional lleva consigo una lección valiosa. Puede ser una oportunidad para reflexionar sobre nuestras habilidades, fortalezas y debilidades. Nos obliga a evaluar nuestras metas profesionales y a considerar si estamos en el camino correcto. En el proceso de recuperación, podemos encontrar nuevas pasiones y oportunidades que antes no habíamos considerado.

La experiencia adquirida durante la etapa de transición puede prepararnos para enfrentar desafíos futuros con una nueva perspectiva y una mayor resiliencia.

## Transformando el Fracaso en Oportunidades

La clave para transformar el fracaso en oportunidades es adoptar una mentalidad de crecimiento. Aunque la pérdida de un trabajo puede cerrar una puerta, también abre un espacio para nuevas posibilidades. En lugar de centrarnos en lo que se ha perdido, debemos enfocar nuestra atención en lo que podemos ganar a partir de esta experiencia.

La resiliencia es fundamental en este proceso. Aprender a levantarse después de una caída requiere una mentalidad positiva y un enfoque proactivo. Debemos permitirnos sentir el dolor y la frustración, pero también debemos buscar activamente formas de avanzar.

Este es el momento de explorar nuevas habilidades, de hacer conexiones significativas y de buscar oportunidades que alineen mejor con nuestras aspiraciones y valores.

## Desarrollando Nuevas Perspectivas

Una pérdida laboral puede ser una oportunidad para reconsiderar nuestra trayectoria profesional y nuestras prioridades. Puede impulsarnos a reevaluar nuestras metas y a tomar riesgos que, de otro modo, habríamos evitado. Es un momento para reflexionar sobre lo que realmente queremos en nuestra vida profesional y para establecer un camino que nos lleve hacia una mayor satisfacción y realización.

Además, el fracaso en el trabajo puede enseñarnos a ser más empáticos y comprensivos con los demás. Al enfrentar nuestras propias luchas, desarrollamos una mayor capacidad para apoyar a quienes están pasando por experiencias similares. Esta empatía puede fortalecer nuestras relaciones y abrir nuevas puertas tanto en el ámbito personal como profesional.

## Un Nuevo Comienzo

El fracaso en el trabajo, aunque doloroso y desalentador, es una oportunidad para el crecimiento y la transformación personal. A través del dolor y la incertidumbre, encontramos la capacidad de reinventarnos y de buscar nuevas posibilidades. Cada despedida profesional es una lección que nos prepara para enfrentar futuros desafíos con una mayor fortaleza y sabiduría.

La clave está en cómo elegimos enfrentar el fracaso. En lugar de permitir que nos defina, debemos usarlo como un trampolín hacia una vida más plena y significativa.

El dolor y la frustración son parte del proceso, pero también son las semillas de una nueva dirección y de un mayor entendimiento de nosotros mismos y del mundo que nos rodea.

**"A veces, perder un trabajo es el primer paso hacia el descubrimiento de tu verdadero propósito y potencial en la vida."**

---

GEYS GERSON

# 9

# Esperanza en la Desesperación

## Paciencia en la Pérdida

GEYS GERSON

En los momentos más oscuros de la vida, cuando la esperanza parece desvanecerse y la desesperación se apodera de nosotros, es fácil sentirse perdido y desolado. La sensación de estar atrapado en una batalla sin fin puede ser abrumadora, y la paciencia parece ser una virtud que se desmorona ante el peso de la Pérdida. Sin embargo, en medio de esta desesperación, hay una verdad que se oculta: la pérdida de esperanza puede ser el preludio de un profundo crecimiento y transformación personal. Este capítulo explora cómo, a pesar del dolor y la frustración, la paciencia en la Pérdida puede abrir caminos insospechados y ofrecer lecciones valiosas.

## El Agonizante Dolor de la Desesperación

Cuando perdemos la esperanza, la vida parece perder su color. Cada desafío se vuelve monumental, y la Pérdida se convierte en una sombra constante que oscurece nuestra existencia. La desesperación puede hacer que nos sintamos impotentes, como si estuviéramos atrapados en un laberinto sin salida. Los sueños, una vez vibrantes y llenos de promesas, se desvanecen en una niebla de incertidumbre y angustia.

Este dolor es profundo y desgarrador. La desesperación puede desmoronar nuestras certezas más profundas, dejándonos expuestos y vulnerables. La paciencia, en estos momentos, parece inalcanzable, como una promesa vacía en un desierto de desolación. La lucha por mantener la esperanza se convierte en una batalla constante, donde cada día se siente como una eternidad en la que el futuro parece una promesa rota.

## La Realidad Cruda de la Pérdida

La Pérdida, especialmente cuando está acompañada por la pérdida de esperanza, revela una dura realidad: el camino hacia el éxito está lleno de fracasos y obstáculos. En la vida, no siempre obtenemos lo que deseamos, y a menudo nos enfrentamos a situaciones que desafían nuestras expectativas y aspiraciones. La realidad de la Pérdida es que no siempre podemos controlar los resultados, pero sí podemos controlar cómo respondemos a ellos.

Este entendimiento puede ser brutalmente honesto, pero también liberador. Reconocer que la Pérdida es una parte inevitable del viaje nos permite soltar la ilusión de control absoluto y aceptar la incertidumbre.

La pérdida de esperanza puede ser una oportunidad para reevaluar nuestras metas, ajustar nuestras expectativas y aprender a navegar en medio de la adversidad.

## La Paciencia como Camino hacia el Crecimiento

Aunque la desesperación puede ser abrumadora, la paciencia es una herramienta poderosa que puede transformar nuestra experiencia. La paciencia nos permite enfrentar el dolor de la Pérdida sin rendirnos, mantenernos firmes en nuestra búsqueda de significado y aprender a encontrar esperanza en medio de la oscuridad. Es un proceso que requiere tiempo, esfuerzo y una disposición a enfrentar nuestras emociones más profundas.

La paciencia en la Pérdida no significa resignarse a la desesperanza, sino aceptar que el camino hacia la recuperación y el crecimiento puede ser largo y tortuoso. Es la capacidad de mantener la fe en nosotros mismos y en nuestro potencial, incluso cuando los resultados no están a la vista. La paciencia nos enseña a enfrentar los desafíos con resiliencia, a aprender de nuestras experiencias y a seguir adelante con una nueva perspectiva.

## Transformando la Desesperación en Oportunidades

En lugar de permitir que la desesperación nos hunda, podemos usarla como una plataforma para el cambio y el crecimiento. La experiencia de perder la esperanza puede enseñarnos a explorar nuevas rutas, a descubrir aspectos ocultos de nosotros mismos y a desarrollar una mayor fortaleza emocional. Cada desafío, cada Pérdida, lleva consigo la semilla de una nueva oportunidad.

La transformación comienza con la aceptación de nuestra realidad y el compromiso de buscar soluciones. En lugar de quedarnos atrapados en la desesperación, debemos aprender a usarla como una fuerza impulsora para el cambio. Esto puede implicar la búsqueda de nuevas habilidades, la adaptación a nuevas circunstancias o la reevaluación de nuestras prioridades. La desesperación puede ser el punto de partida para una vida más rica y significativa, donde cada experiencia de Pérdida se convierte en una lección que nos acerca más a nuestra verdadera esencia.

## Cultivando la Esperanza desde la Ruina

La esperanza, aunque a menudo parece lejana en tiempos de desesperación, puede ser cultivada desde las cenizas de la Pérdida. La clave es mantener una mentalidad abierta y receptiva, dispuesta a encontrar oportunidades en medio de las dificultades. La esperanza no es una promesa de éxito inmediato, sino una creencia en nuestra capacidad para superar los desafíos y encontrar significado en el proceso.

En cada Pérdida, hay una lección que nos ofrece una nueva perspectiva. La esperanza se construye a partir de la aceptación de nuestras experiencias y la confianza en nuestra capacidad para adaptarnos y crecer. Al enfrentar nuestras dificultades con paciencia y determinación, podemos transformar la desesperación en una fuente de fortaleza y resiliencia.

## La Esperanza Renace de la Pérdida

El camino hacia la recuperación y el crecimiento está lleno de desafíos, y la pérdida de esperanza puede ser una experiencia profundamente dolorosa. Sin embargo, en el corazón de la desesperación se encuentra una oportunidad para la transformación personal.

La paciencia en la Pérdida nos enseña a enfrentar nuestros miedos, a reevaluar nuestras metas y a buscar nuevas posibilidades. A través de la aceptación de nuestra realidad y el compromiso de seguir adelante, podemos encontrar una nueva esperanza que nos guíe hacia un futuro más prometedor.

**"En la desesperación, la paciencia es la llave que desbloquea la puerta hacia un nuevo comienzo."**

GEYS GERSON

# Ruina Total

**Fracasos Financieros**

La quiebra emocional es uno de los tormentos más profundos que puede sufrir una persona. Cuando el dinero, símbolo de seguridad y éxito, se esfuma en el aire como humo, la desesperación puede ser abrumadora. La sensación de haber perdido todo, de estar al borde del abismo financiero, no solo desafía nuestra estabilidad material, sino también nuestra fortaleza emocional. Sin embargo, en medio de esta devastación, la verdadera riqueza se encuentra en las lecciones que aprendemos y en el crecimiento que podemos experimentar. Este capítulo explora el dolor crudo de los fracasos financieros y revela cómo, a pesar de la pérdida, podemos hallar una nueva perspectiva que nos impulsa hacia adelante.

## El Vacío de la Bancarrota Emocional

Cuando enfrentamos una bancarrota, no solo perdemos dinero; perdemos nuestra confianza, nuestra autoestima y a menudo, parte de nuestra identidad. Las cuentas se vacían, las inversiones se desmoronan y los sueños construidos con tanto esfuerzo se derrumban. El vacío dejado por la pérdida financiera no es solo económico, sino emocional, y el dolor puede ser asfixiante.

La bancarrota emocional se manifiesta en la desesperación, la culpa y el miedo. Nos preguntamos cómo llegamos a este punto, cómo pudimos haber fallado. La angustia de ver nuestros esfuerzos desmoronarse puede llevarnos a cuestionar nuestra valía, nuestra capacidad para seguir adelante. En este lugar oscuro, el sentimiento de haber fracasado puede ser tan grande que nos paraliza.

## La Realidad del Fracaso Financiero

El fracaso financiero no es un evento aislado, sino una experiencia común que enfrentan muchos en algún momento de sus vidas. La realidad cruda es que el dinero no siempre está garantizado, y el éxito en los negocios a menudo requiere enfrentarse a fracasos y Pérdidas. Estos fracasos, aunque dolorosos, son una parte inevitable del viaje hacia el éxito. Este fracaso nos confronta con nuestra vulnerabilidad y nos obliga a enfrentarnos a la realidad de que no siempre podemos controlar el resultado. Sin embargo, aceptar esta realidad nos libera de la ilusión de perfección y nos prepara para enfrentar los desafíos con una mayor fortaleza.

### La Sabiduría Oculta en la Pérdida Financiera

Aunque el fracaso financiero puede ser devastador, también es una fuente rica de lecciones y sabiduría. Cada error, cada mal cálculo, y cada inversión fallida lleva consigo una lección valiosa. La experiencia de perder nos enseña a evaluar nuestras decisiones, a comprender los riesgos y a apreciar el valor del dinero.

La sabiduría adquirida a través de la Pérdida financiera nos permite desarrollar una perspectiva más madura y estratégica. Aprendemos a ser más cautelosos, a planificar mejor y a evitar errores similares en el futuro. Esta sabiduría no solo mejora nuestras habilidades financieras, sino que también fortalece nuestra capacidad para enfrentar otros desafíos en la vida.

### Transformando la Frustración en Oportunidades

En lugar de permitir que la frustración y la desesperación nos consuman, podemos transformar estos sentimientos en oportunidades para el crecimiento. La bancarrota emocional puede ser el catalizador para una nueva perspectiva y para la exploración de nuevas oportunidades. Cada fracaso financiero puede ser el impulso necesario para reinventarnos y buscar nuevas formas de generar ingresos y de recuperar nuestro equilibrio.

Esta transformación requiere una actitud proactiva y una disposición para aprender de nuestras experiencias. En lugar de ver la Pérdida como el final, debemos considerarla como una oportunidad para reevaluar nuestras estrategias y para buscar nuevas formas de éxito. La paciencia y la resiliencia son clave en este proceso, ya que nos permiten seguir adelante con una renovada determinación.

### El Valor de la Paciencia en la Recuperación

La paciencia es una virtud esencial cuando enfrentamos el dolor de la bancarrota emocional. La recuperación de una Pérdida financiera no ocurre de la noche a la mañana; requiere tiempo, esfuerzo y una actitud positiva. La paciencia nos ayuda a mantenernos enfocados en nuestras metas y a seguir trabajando hacia ellas, incluso cuando los resultados no son inmediatos.

El proceso de recuperación puede ser largo y desafiante, pero cada paso hacia adelante nos acerca a una nueva etapa de nuestra vida.

La paciencia nos permite enfrentar los obstáculos con calma y a aprender de cada experiencia sin rendirnos. Es a través de esta paciencia que encontramos la fuerza para seguir adelante y para construir un futuro más sólido y prometedor.

## La Esperanza Renovada en la Pérdida

Aunque el fracaso financiero puede ser doloroso, también puede ser una fuente de esperanza renovada. La capacidad de ver más allá del dolor y de encontrar nuevas oportunidades en medio de la adversidad es una cualidad poderosa. La esperanza nos impulsa a seguir adelante, a buscar nuevas formas de éxito y a reconstruir nuestras vidas con una nueva perspectiva.

La Pérdida financiera, aunque devastadora, puede ser el comienzo de una nueva etapa llena de posibilidades. Al enfrentar el dolor con valentía y al aprender de nuestras experiencias, podemos encontrar la esperanza en la oscuridad y construir un futuro más prometedor.

## La Fortaleza en la Bancarrota Emocional

La bancarrota emocional es un desafío profundo que pone a prueba nuestra fortaleza y resiliencia. Aunque perder dinero puede ser una experiencia devastadora, también es una oportunidad para aprender, crecer y reinventarnos.

Al enfrentar la Pérdida financiera con paciencia y determinación, podemos transformar el dolor en una fuente de sabiduría y esperanza.

**"En la pérdida financiera, la verdadera riqueza se encuentra en las lecciones que aprendemos y en la fuerza que descubrimos dentro de nosotros mismos."**

# 11

# Ego
# En
# Caída
# Libre

**La Pérdida del Yo**

GEYS GERSON

El ego, esa estructura frágil y a menudo inflada que construimos para protegernos del mundo exterior, está en el centro de nuestras percepciones y comportamientos. Es nuestra coraza, la parte de nosotros que lucha por ser reconocida y admirada, que se esfuerza por destacar y dominar. Pero, ¿qué sucede cuando esa coraza se quiebra? ¿Cómo nos enfrentamos a la Pérdida cuando el ego, ese baluarte de nuestra identidad, se desmorona?

## La Fragilidad del Ego

El ego, en su esencia, es una ilusión construida para enmascarar nuestra vulnerabilidad. En la vida profesional y personal, esta ilusión puede llevarnos a ser arrogantes y despectivos, nos puede hacer creer que estamos por encima de los demás. Sin embargo, la vida tiene una forma brutal de recordarnos nuestra humanidad, de mostrar cuán endeble es el ego frente a la realidad.

Cuando nuestro ego se enfrenta a una Pérdida, el impacto puede ser devastador. Una crítica inesperada, un fracaso en el trabajo, o la pérdida de un estatus social puede hacer que el ego se sienta atacado y vulnerable. En estos momentos, nos vemos obligados a enfrentar la verdad cruda de nuestra existencia: la fachada que hemos construido para nosotros mismos se derrumba y nos deja expuestos.

## La Ruptura del Ego: Un Golpe Doloroso

Experimentar la caída del ego es como ser golpeado por un maremoto emocional. La sensación de impotencia y humillación puede ser abrumadora. De repente, los logros que una vez nos definieron parecen vacíos, y el respeto que creíamos ganado se desmorona. El dolor que sentimos es profundo, no solo porque hemos perdido algo que valorábamos, sino porque nuestra identidad se tambalea.

La Pérdida del ego puede manifestarse de muchas formas: un fracaso financiero, una pérdida profesional, un rechazo personal. Cada uno de estos eventos puede ser un golpe devastador para nuestro sentido de valía. Nos enfrentamos a una crisis de identidad, y el miedo a no ser suficiente puede apoderarse de nosotros.

## La Humildad como Nueva Perspectiva

Sin embargo, en medio de la devastación, surge una oportunidad para el crecimiento. Cuando el ego se desmorona, es una invitación a reconstruirnos desde una base más sólida y auténtica. La humildad que emerge de la caída del ego es una virtud transformadora. Nos obliga a confrontar nuestras debilidades y a aceptar que no somos infalibles.

La verdadera sabiduría surge cuando nos enfrentamos a nuestras limitaciones. Al aceptar nuestra humanidad, dejamos de depender de una imagen falsa de nosotros mismos y empezamos a construir una identidad basada en la autenticidad y la comprensión. La experiencia dolorosa de la Pérdida nos enseña a ser más empáticos y a valorar las cualidades que realmente importan.

## El Regreso de la Autoestima

A medida que el tiempo avanza, el dolor de la Pérdida del ego comienza a sanar. Lo que antes parecía una pérdida irreparable se transforma en una lección de vida invaluable. La autoconciencia que ganamos al enfrentarnos a nuestras debilidades nos fortalece. Aprendemos a construir una autoestima sólida, no sobre la base de éxitos temporales, sino sobre la aceptación de quienes somos realmente.

El proceso de reconstrucción puede ser arduo, pero es un viaje que nos lleva a un entendimiento más profundo de nosotros mismos. Aprendemos a reconocer nuestro valor no a través de la aprobación externa, sino a través de la autenticidad y la integridad personal.

## Una Nueva Perspectiva

La Pérdida del ego no es el fin; es el comienzo de una nueva perspectiva de vida. Nos libera de las cadenas de la autoimagen inflada y nos permite vivir con una mayor libertad y verdad. Cada golpe al ego es una oportunidad para crecer, para aprender y para transformarnos en una versión más auténtica de nosotros mismos. La caída del ego nos desafía a enfrentar nuestra verdadera esencia. Nos recuerda que, en última instancia, la verdadera fuerza no reside en la apariencia externa, sino en la capacidad de abrazar nuestra vulnerabilidad y aprender de ella.

Afrontar la Pérdida del ego es una experiencia dolorosa, pero es una de las más enriquecedoras. Nos muestra que la verdadera grandeza no está en la apariencia de invulnerabilidad, sino en la capacidad de levantarnos con humildad y sabiduría. En cada pérdida, en cada golpe al ego, hay una oportunidad para crecer y para convertirnos en la mejor versión de nosotros mismos.

Despojarnos de esa imagen que hemos construido a nuestro alrededor puede ser aterrador. Nos enfrentamos a nuestros miedos más profundos ya la cruda realidad de nuestra humanidad. Somos seres imperfectos, con cicatrices que nos cuentan historias de lucha y crecimiento. Y, aunque a veces nos esforzamos por mostrar una fachada de invulnerabilidad, en el fondo sabemos que la verdadera fortaleza se encuentra en abrazar nuestras vulnerabilidades.

Así que, en lugar de aferrarte a la idea de que tienes que ser fuerte o perfecto, pregúntate: ¿Qué pasaría si te permitirías ser tú mismo? La valentía no se mide por la ausencia de miedo, sino por la capacidad de ser auténtico incluso en medio de la tormenta. Abre tu corazón, muestra tus debilidades y permite que los demás vean la persona real que eres.

La vida auténtica comienza cuando decide dejar de ser un espejismo y te atreves a mostrarte sin filtros. No te escondas más. Reconoce tu verdad, vive en ella y date permiso para sentir. Este es el momento de liberarte de las cadenas que el ego te ha impuesto.

Así que, en lugar de aferrarte a la idea de que tienes que ser fuerte o perfecto, pregúntate: ¿Qué pasaría si te permitirías ser tú mismo? La valentía no se mide por la ausencia de miedo, sino por la capacidad de ser auténtico incluso en medio de la tormenta. Abre tu corazón, muestra tus debilidades.


**"El ego te hace ciego; aplánalo antes de que te destruya."**

GEYS GERSON

# 12

# El Peso de la Enfermedad

**Pérdida de Salud**

GEYS GERSON

Cuando la enfermedad entra en nuestras vidas, arrastra consigo un peso inmenso, un peso que se siente en cada rincón de nuestra existencia. La salud, ese tesoro invisible que a menudo damos por sentada, se convierte en la primera víctima de una batalla que no elegimos.

De repente, nos encontramos enfrentando una realidad brutal: el dolor físico, la fatiga constante, y la pérdida de control sobre nuestro propio cuerpo. Pero, en medio de esta tormenta, la enfermedad también ofrece una lección dolorosa pero crucial sobre la vida, el tiempo y el verdadero valor de lo que realmente importa.

## La Destrucción de la Identidad

En la adversidad de una enfermedad, la pérdida va más allá de lo físico. El impacto en nuestra identidad es profundo y perturbador. La salud no es solo una condición física; es una parte integral de quienes somos. Nos define, nos da valor, nos permite funcionar en el mundo de manera plena. Cuando esa salud se ve amenazada o se pierde, también se tambalea nuestra percepción de identidad.

La enfermedad puede hacer que nos sintamos como sombras de lo que éramos antes. La confianza en nuestro cuerpo se desvanece, y con ella, la certeza de nuestra autonomía y capacidad. Lo que una vez fue una rutina diaria ahora se convierte en un desafío monumental. Enfrentar la pérdida de salud es también enfrentar la pérdida de una parte fundamental de nuestra esencia.

## Dolor y Frustración

La frustración que acompaña a la enfermedad es un sentimiento complejo y multifacético. No solo es el dolor físico lo que nos agobia, sino también el sufrimiento emocional que emerge cuando nos damos cuenta de lo que hemos perdido. La lucha por recuperar la salud puede parecer interminable, y cada día puede sentirse como una batalla cuesta arriba.

El dolor se convierte en una constante, una sombra que nos sigue a cada momento del día. La frustración de no poder realizar las tareas más simples, de depender de otros, de ver cómo nuestras capacidades se reducen, puede ser abrumadora.

En estos momentos, la desesperanza puede instalarse, y la sensación de pérdida puede parecer absoluta.

**"La enfermedad es una batalla despiadada; no dejes que la frustración te consuma. Siente el dolor, pero lucha con todo lo que tienes".**

### La Enseñanza Oculta en la Enfermedad

Sin embargo, en el corazón de la enfermedad hay una enseñanza que, aunque dolorosa, es profundamente valiosa. La enfermedad nos obliga a enfrentar nuestra vulnerabilidad y a reconsiderar nuestras prioridades. Nos enseña a valorar lo que realmente importa: la vida, el tiempo y las relaciones.

El tiempo que antes parecía infinito se vuelve precioso. Aprendemos a apreciar los momentos sencillos y a ver la belleza en lo cotidiano. La enfermedad nos enseña a valorar a los seres queridos, a reconocer su apoyo y a comprender el poder de la empatía y la solidaridad. En la lucha contra la enfermedad, descubrimos una nueva perspectiva sobre la vida y sobre nosotros mismos.

### El Valor de Aprender a Soltar

La verdadera fortaleza en la enfermedad radica en nuestra capacidad para soltar el miedo y la desesperanza. Aprender a soltar no significa rendirse, sino aceptar lo que no podemos controlar y encontrar paz en medio de la tormenta. Es en este acto de aceptación donde reside el verdadero poder.

La sabiduría que surge de la enfermedad es un regalo duro pero necesario. Nos enseña que la vida es frágil y que nuestra capacidad de recuperación y adaptación es infinita. Aprendemos a valorar la vida no solo cuando estamos sanos, sino también en nuestra debilidad y sufrimiento. La enfermedad nos ofrece una perspectiva nueva sobre el valor de la vida, y esta perspectiva se convierte en una parte integral de nuestra sabiduría y crecimiento personal.

## La Esperanza en el Desgarrador Viaje

En el camino de la enfermedad, la esperanza puede parecer distante. Pero es precisamente en los momentos más oscuros donde la esperanza tiene el poder de iluminar nuestro camino.

La esperanza no se basa en la garantía de la recuperación, sino en la certeza de que cada experiencia, incluso la más dolorosa, nos ofrece una oportunidad para aprender y crecer. A medida que enfrentamos el peso de la enfermedad, podemos encontrar en nuestra lucha una fuente de fortaleza interior.

La enfermedad puede transformar nuestra comprensión de la vida, haciéndonos más conscientes de nuestra fragilidad, pero también de nuestra capacidad para encontrar significado y propósito incluso en medio del sufrimiento.

El peso de la enfermedad es un desafío profundo y devastador, pero también es una oportunidad para descubrir un nuevo nivel de autoconciencia y valor. A través del dolor y la pérdida, aprendemos a apreciar la vida en su totalidad y a reconocer el valor inestimable de la salud, el tiempo y los seres queridos.

La enfermedad, aunque dura y cruel, nos enseña que perder no siempre significa fracasar. A veces, perder nos da la oportunidad de ganar una comprensión más profunda de la vida y de nosotros mismos.

GEYS GERSON

# 13

# El Vacío de los Ausentes

**El Dolor del Duelo**

GEYS GERSON

La muerte es un maestro despiadado y, a menudo, una prueba implacable de nuestras propias limitaciones. La pérdida de un ser querido, ya sea un amigo, un familiar o un amor, se siente como una herida abierta, un vacío insondable que se niega a cerrarse.

El duelo, ese proceso doloroso y profundo, nos confronta con la realidad cruda de nuestra propia vulnerabilidad y nos desafía a encontrar sentido en la oscuridad que deja la ausencia.

La experiencia del duelo es una montaña rusa emocional. Al principio, puede ser un torrente de tristeza, enojo y confusión, un caos de emociones que se agitan como olas en un mar tempestuoso. Cada lágrima derramada es un recordatorio tangible del amor que sentimos y de la magnitud de la pérdida. El duelo puede parecer interminable, un túnel oscuro sin salida, pero es en ese proceso donde encontramos una profunda oportunidad para la transformación personal.

## La Muerte No es el Fin, sino un Cambio de Perspectiva

Enfrentar la muerte de un ser querido nos obliga a reconsiderar nuestras prioridades, valores y el significado de nuestras vidas. Es fácil, en el fragor del día a día, perder de vista lo que realmente importa. Sin embargo, cuando alguien a quien amamos muere, nos enfrentamos a una verdad fundamental: la vida es efímera, y cada momento es precioso.

La muerte no debe verse como un adiós final, sino como un "hasta luego". Este cambio de perspectiva puede ser una fuente de consuelo y una guía para vivir una vida más plena y consciente.

La presencia física de la persona fallecida puede ser irremplazable, pero su influencia y el amor compartido permanecen vivos en nuestros corazones. El duelo nos enseña a apreciar estos recuerdos y a encontrar en ellos fuerza y sabiduría.

## El Proceso del Duelo: De la Tristeza a la Revelación

El duelo es un proceso que puede parecer interminable, pero cada fase tiene un propósito. La negación es a menudo el primer paso, una barrera que nos protege del dolor inmediato. Luego viene la ira, un grito desesperado contra la injusticia de la pérdida.

La negociación sigue, un intento de encontrar sentido o algún tipo de acuerdo con la realidad. La depresión se instala cuando la magnitud de la pérdida se siente más intensa y abrumadora. Finalmente, la aceptación llega, no como una resolución mágica, sino como una adaptación gradual a la nueva realidad.

Es en estas fases que encontramos lecciones profundas sobre el amor, la vida y la resiliencia. La tristeza y el dolor del duelo son indicativos de la profundidad del amor que sentimos, y la capacidad para soportar estos sentimientos puede conducir a una mayor comprensión de uno mismo y del mundo que nos rodea. El duelo, aunque doloroso, es una prueba de nuestra capacidad para amar y crecer.

**La Sabiduría del Duelo: Aprendiendo a Soltar y Apreciar**

El duelo nos enseña a soltar nuestros miedos y a enfrentar la vida con una nueva perspectiva. Aceptar la impermanencia de la vida nos permite vivir con más intensidad y gratitud. Cada día se convierte en una oportunidad para valorar lo que tenemos y para expresar nuestro amor sin reservas.

La pérdida nos recuerda que no somos dueños de la vida, sino que somos parte de un ciclo más grande que nos enseña a ser humildes y a vivir con autenticidad.

En el dolor del duelo, encontramos una lección invaluable: el valor de la vida. Aunque el dolor puede parecer insuperable, el tiempo nos enseña que el duelo es también un camino hacia el crecimiento personal. Aprendemos a honrar a los que hemos perdido al vivir nuestras vidas de manera significativa, al apreciar cada momento y al mantener viva su memoria a través de nuestras acciones y decisiones.

El duelo es una experiencia universal que, aunque profundamente dolorosa, ofrece una oportunidad para la transformación. A través de la tristeza y la pérdida, podemos descubrir el verdadero valor de la vida, del amor y de nuestras propias capacidades para enfrentar y superar la adversidad. La muerte no es el final, sino un recordatorio de la fragilidad y la belleza de nuestra existencia. Cada lágrima que derramamos en el duelo es una prueba de nuestra capacidad para amar y una invitación a vivir con mayor plenitud y autenticidad.

La experiencia del duelo no sigue un camino recto; es un viaje lleno de altibajos. Pero en cada paso, en cada lágrima, en cada risa compartida con los que aún están, hallamos la razón para seguir. La vida continúa, y nosotros tenemos la opción de honrar a los que se fueron viviendo plenamente. Así que, sí, duele, pero también hay belleza en esta lucha.

Recuerda: el duelo no es solo el precio que pagamos por amar; es también el testimonio de que hemos vivido, de que hemos amado y de que aún podemos amar.

No se trata de olvidar, sino de recordar con gratitud y aprender a caminar con ellos en nuestro corazón, mientras nos atrevemos a vivir con más intensidad y amor. Este es el verdadero legado de quienes hemos perdido: la invitación a vivir y amar con toda nuestra fuerza.

**"En cada lágrima derramada, en cada recuerdo atesorado, encontramos el verdadero significado de la vida. No es un adiós, sino un hasta luego, una oportunidad para vivir con más intensidad y amor."**

GEYS GERSON

# 14

# El
# Sueño
# Académico

Fracasar en el Conocimiento

Fracasar es una palabra que se siente como un martillo en el pecho, una sombra que se cierne sobre los sueños de muchos jóvenes y adultos por igual. La sociedad nos ha condicionado a temer esta palabra, especialmente en el ámbito académico.

Nos han enseñado a ver el fracaso académico como una sentencia, como una marca de incompetencia, una señal de que no somos lo suficientemente buenos. Pero, ¿y si te dijera que el fracaso en el conocimiento es uno de los maestros más valiosos que jamás conocerás? ¿Y si el verdadero fracaso radica en no haber fracasado lo suficiente para aprender las lecciones más profundas de la vida?

## El Mito del Éxito Académico

Desde una edad temprana, se nos alimenta con la narrativa de que el éxito académico es el único camino hacia una vida próspera y exitosa. Nos enseñan que las calificaciones, los títulos y los logros académicos son la medida definitiva de nuestro valor y potencial. Sin embargo, esta narrativa es tan frágil como un castillo de naipes. Miles de personas logran obtener títulos, diplomas, y medallas, solo para encontrarse a sí mismos perdidos, vacíos, y desilusionados en la vida real. Se puede estar académicamente completo y, aun así, no tener éxito.

El verdadero éxito no reside en los certificados que cuelgan en la pared. No está en las letras que siguen a nuestro nombre, sino en la resiliencia que desarrollamos, en la actitud con la que enfrentamos la adversidad, y en la perseverancia con la que seguimos adelante a pesar de las Pérdidas. La vida no premia a los que nunca han caído; premia a los que han caído una y otra vez, pero se han levantado cada vez con más fuerza.

## El Fracaso como Oportunidad

El fracaso académico es doloroso. Nos confronta con nuestras debilidades y nos obliga a enfrentar nuestras limitaciones. Nos hace cuestionar nuestro valor y nos deja con cicatrices que, si se manejan correctamente, se convertirán en medallas de honor. Cada fracaso es una oportunidad para reflexionar, para aprender, y para crecer. Es en esos momentos de desilusión cuando se forjan los caracteres más fuertes, cuando se descubre quiénes somos realmente y de qué estamos hechos.

La frustración que sientes al no alcanzar tus metas académicas es real. La decepción de no cumplir con las expectativas de los demás, y más importante, con las tuyas propias, es una carga que puede parecer insoportable. Pero esta carga es, en realidad, la semilla del crecimiento. Es en la caída que aprendemos a levantarnos. Es en la oscuridad que descubrimos la luz interna que nos guía hacia adelante.

## La Actitud que Transforma

Lo que separa a aquellos que se dejan consumir por el fracaso de aquellos que lo utilizan como trampolín hacia el éxito es la **actitud**. La actitud es la llave que desbloquea el potencial escondido dentro de cada Pérdida.

No es suficiente simplemente levantarse después de caer; es necesario levantarse con una determinación renovada, con una visión clara de lo que quieres lograr y con una convicción inquebrantable de que cada paso, incluso los retrocesos, te lleva más cerca de tu destino. La actitud positiva no es ignorar el dolor del fracaso; es aceptarlo, aprender de él, y usarlo como combustible para seguir adelante.

Es entender que el fracaso académico no define quién eres, sino cómo respondes a él. Aquellos que triunfan en la vida no son necesariamente los más inteligentes o los más talentosos, sino aquellos que nunca permitieron que un revés los detuviera.

## Perseverancia: El Verdadero Camino

Perseverar no significa seguir el mismo camino una y otra vez esperando un resultado diferente. Significa aprender de cada error, ajustar el rumbo, y seguir avanzando con un espíritu indomable.

La perseverancia es lo que convierte las caídas en pasos hacia adelante, lo que transforma los obstáculos en oportunidades y lo que finalmente conduce al verdadero éxito.

El éxito académico puede ser efímero, pero la perseverancia es duradera.

Es lo que te permitirá superar no solo los desafíos académicos, sino también las pruebas más difíciles de la vida. Aquellos que perseveran son los que logran grandes cosas, no porque nunca fracasan, sino porque nunca se rinden.

**Prepárate para perder**

Pero prepárate para perder con gracia, con sabiduría, y con la certeza de que cada pérdida es, en realidad, una ganancia disfrazada.

El fracaso académico no es el final de tu historia; es solo un capítulo más en el libro de tu vida. Un capítulo que, si lo abordas con la actitud correcta y la perseverancia necesaria, te llevará a escribir los capítulos más brillantes y exitosos que jamás hayas imaginado.

**"La verdadera educación no es la que te enseña a triunfar, sino la que te enseña a fracasar y a seguir adelante."**

# 15

# En Busca De Sentido

**Espiritualidad y Dolor**

GEYS GERSON

GEYS GERSON

No hay experiencia más devastadora que la sensación de estar perdido en la vida, de caminar sin rumbo en un desierto emocional donde las respuestas que buscamos parecen eternamente fuera de alcance. Es un sentimiento que nos arrastra hacia el abismo de la desesperanza, cuestionando el propósito de nuestra existencia, preguntándonos por qué seguimos luchando en un mundo que parece no tener sentido. Pero, ¿y si este doloroso extravío no es más que una prueba? ¿Y si el camino que creemos perdido es, en realidad, el sendero hacia la verdadera comprensión de nuestro ser?

## Cuando la Vida Pierde su Sentido

La vida es una travesía llena de incertidumbres. A veces, las adversidades nos golpean tan fuerte que nos sentimos desorientados, perdidos en una oscuridad que parece no tener fin. En esos momentos, todo lo que alguna vez tuvo sentido se desmorona, y el vacío se convierte en nuestro único compañero. Perdemos la conexión con lo que nos hacía sentir vivos, y la búsqueda de sentido se convierte en una lucha diaria, agotadora y solitaria.

Es en este punto de ruptura donde muchos se enfrentan a la más profunda de las crisis espirituales. La desconexión de nuestro propósito, de nuestra esencia, nos deja vulnerables, expuestos al dolor más agudo: el de no saber por qué estamos aquí. Pero es precisamente en esta vulnerabilidad donde yace la semilla del despertar espiritual. La pérdida de sentido no es un fracaso; es una llamada de atención. Es la vida misma sacudiéndonos, obligándonos a replantear nuestras creencias, a cuestionar nuestras prioridades, a desnudarnos de todo aquello que creíamos importante para descubrir lo que realmente lo es.

## El Camino Hacia la Luz

En medio de la oscuridad, hay una verdad universal que se esconde a plena vista: la luz siempre está presente, incluso cuando no podemos verla. La pérdida de sentido es una oportunidad para detenernos y mirar hacia adentro, para explorar los rincones más oscuros de nuestro ser y encontrar la chispa que ha estado latente todo este tiempo. Esta búsqueda no es fácil. Requiere coraje para enfrentar los fantasmas del pasado, para reconocer las heridas que nunca sanaron, y para aceptar que, a veces, necesitamos perdernos por completo antes de poder encontrarnos nuevamente.

Es un proceso doloroso, pero es a través del dolor que llegamos a comprender el verdadero significado de nuestra existencia. La espiritualidad no es una respuesta inmediata al dolor, sino un camino que nos guía a través de él. Es la capacidad de ver más allá de la superficie, de entender que cada desafío, cada pérdida, y cada momento de desesperanza tiene un propósito mayor. Es en esta comprensión donde encontramos la paz, una paz que no proviene de la ausencia de dificultades, sino de la aceptación de que estas son parte integral de nuestra evolución como seres humanos.

**Lecciones Ocultas en la Adversidad**

La adversidad es un maestro severo pero justo. Cada obstáculo que enfrentamos nos enseña algo valioso, si estamos dispuestos a aprender. La pérdida de sentido no es diferente. Nos obliga a reevaluar nuestras vidas, a cuestionar nuestras decisiones, y a buscar respuestas más profundas y significativas.

La frustración que surge de no entender por qué nos suceden ciertas cosas es una de las mayores fuentes de angustia. Nos preguntamos por qué la vida nos pone en estos caminos tortuosos, por qué parece que cuanto más intentamos avanzar, más nos hundimos en el lodo de la incertidumbre. Pero es en este lodo donde se encuentran las perlas de la sabiduría.

A través del dolor, aprendemos la importancia de la paciencia, la humildad y la fe. No la fe ciega en un destino predefinido, sino la fe en nuestra capacidad para superar cualquier adversidad, para encontrar la luz en medio de la oscuridad y para emerger más fuertes, más sabios y más conectados con nuestro verdadero propósito.

Prepárate para perder el rumbo, para sentirte desorientado y para enfrentarte a la oscuridad más profunda de tu alma. Pero también prepárate para encontrar en esa pérdida el camino hacia la verdadera luz, hacia la comprensión de quién eres y por qué estás aquí. La espiritualidad no es un destino, sino un viaje continuo hacia el autoconocimiento, hacia la aceptación de que la vida, con todas sus pruebas y tribulaciones, tiene un propósito mayor.

**"En la oscuridad de la desesperanza, la luz de la verdad siempre encuentra su camino**

# 16

# Perderse para Encontrarse

La Búsqueda de Identidad

GEYS GERSON

Hay un momento en la vida de todo ser humano en el que el reflejo en el espejo se convierte en un extraño, una sombra de lo que una vez fuimos. Es un abismo silencioso en el que caemos sin darnos cuenta, arrastrados por las corrientes de expectativas ajenas, normas sociales y deseos impuestos. Nos perdemos en una maraña de falsas identidades, buscando encajar en moldes que nunca fueron diseñados para nosotros. ¿Qué sucede cuando nos alejamos tanto de nuestra esencia que olvidamos quiénes somos en realidad? Esta es la historia de la pérdida más dolorosa de todas: la pérdida de uno mismo.

## Abandonarse en el Vacío

En la búsqueda constante de aceptación y éxito, a menudo sacrificamos lo más valioso que poseemos: nuestra identidad. Poco a poco, y casi sin darnos cuenta, nos adaptamos a las expectativas de los demás, cambiando quiénes somos para encajar, para ser amados, para evitar el dolor del rechazo. En el proceso, abandonamos nuestros sueños, nuestras pasiones, nuestros verdaderos deseos.

Nos convertimos en una versión diluida de nosotros mismos, atrapados en una existencia superficial que nos promete felicidad, pero nos deja vacíos. Este abandono de la identidad es una forma de auto-traición. Renunciamos a la autenticidad en favor de una comodidad efímera, y el costo es más alto de lo que podemos imaginar.

Nos sentimos desconectados, alienados de nosotros mismos y de los demás. El dolor de esta desconexión es profundo, porque sabemos, en lo más íntimo de nuestro ser, que estamos viviendo una mentira.

El vacío existencial que surge de esta pérdida de identidad es implacable. Nos preguntamos quiénes somos, por qué hacemos lo que hacemos, y si alguna vez podremos encontrar el camino de regreso a nuestra verdadera esencia.

Este es el punto en el que muchos se dan cuenta de que, para encontrar la paz interior, primero deben perderse por completo.

## El Peligro de Vivir para los Demás

La sociedad nos bombardea con imágenes de lo que deberíamos ser: exitosos, atractivos, siempre felices. Este ideal inalcanzable nos lleva a perseguir metas que no son nuestras, a adoptar roles que nos son ajenos.

Nos convertimos en actores en un escenario que no elegimos, interpretando papeles que no nos pertenecen. Esta desconexión con nuestra esencia es una de las mayores fuentes de sufrimiento en la vida moderna.

Cuando nos sumergimos en esta vida irreal y superficial, el costo emocional es devastador. Perdemos la capacidad de conectarnos auténticamente con nosotros mismos y con los demás. Las relaciones se vuelven superficiales, el trabajo se convierte en una carga, y la vida pierde su sentido. Estamos atrapados en una carrera interminable hacia un destino que nunca alcanzaremos, porque no es el nuestro.

Este es el momento en que la frustración se convierte en desesperación. Nos damos cuenta de que, a pesar de todos nuestros esfuerzos por ser "exitosos", hemos perdido lo más importante: nuestra identidad.

Este reconocimiento es doloroso, pero también es el primer paso hacia la recuperación. Para encontrarnos, primero debemos reconocer que estamos perdidos.

## La Angustia de No Saber Quién Eres

La crisis de identidad es una de las experiencias más dolorosas que un ser humano puede enfrentar. Es un momento de profunda incertidumbre, en el que todas las certezas se desvanecen y nos enfrentamos a la pregunta más difícil de todas: "¿Quién soy?". Este es un proceso doloroso, pero también es una oportunidad para la transformación.

Perderse es, en muchos sentidos, un requisito para encontrarse. Es en el caos de la desorientación donde podemos empezar a despojarnos de las máscaras que hemos usado durante tanto tiempo. Es en la oscuridad donde encontramos la luz de nuestra verdadera esencia, una luz que ha estado esperando pacientemente a que la redescubramos.

La búsqueda de identidad es una travesía solitaria, llena de desafíos y enfrentamientos con partes de nosotros mismos que preferiríamos ignorar. Es un proceso que requiere valentía, porque implica aceptar que hemos vivido una mentira y que necesitamos cambiar. Pero en esta aceptación radica la posibilidad de renacer, de reconstruirnos desde los cimientos de nuestra verdadera identidad.

## Encontrarse en la Pérdida

El camino hacia la autenticidad es un viaje que comienza con la pérdida. Debemos estar dispuestos a dejar ir todo lo que no somos para descubrir quiénes somos realmente. Este es un proceso doloroso, porque significa renunciar a las certezas y enfrentarnos a la incertidumbre de lo desconocido. Pero es un viaje necesario, porque es el único camino hacia una vida auténtica y plena.

Encontrarse después de haberse perdido no es fácil, pero es posible. Requiere un compromiso inquebrantable con uno mismo, una voluntad de enfrentar el dolor de la verdad y de dejar atrás la comodidad de las mentiras que nos hemos contado. Este es el precio de la autenticidad, y aunque es alto, la recompensa es incalculable.

Cuando finalmente nos encontramos, descubrimos una paz que trasciende la comprensión. Nos damos cuenta de que la vida no se trata de cumplir con las expectativas de los demás, sino de ser fieles a nosotros mismos. Esta es la verdadera libertad, una libertad que solo se encuentra en la autenticidad.

Prepárate para perder todo lo que creías ser, para enfrentarte a la dolorosa verdad de que has estado viviendo una vida que no es la tuya.

Pero también prepárate para el milagro de encontrarte en medio de la pérdida, para descubrir la belleza de tu verdadera identidad, una identidad que no necesita aprobación externa, porque es suficiente en sí misma. La búsqueda de identidad es un viaje arduo, pero es el viaje más importante que jamás emprenderás.

**"Para encontrarte, primero debes estar dispuesto a perderte."**

GEYS GERSON

# 17

# Perdonar Para Sanar

**Liberarse del Pasado**

GEYS GERSON

Imagina, por un instante, cargar una mochila invisible que te aplasta el alma. Está llena de recuerdos afilados como cuchillos, de promesas rotas y traiciones que aún gotean veneno en tus venas. Esa mochila es el pasado, y la llevas contigo a donde vayas, arrastrándola como si fuera una extensión de tu ser. Pero, ¿y si te dijera que esa carga no es tuya? ¿Que puedes soltarla y, en ese acto, encontrar la libertad que tanto anhelas? Perdonar es un camino espinoso, un sendero que muchos temen recorrer porque creen que significa perder, ceder, ser derrotado. Sin embargo, en ese abismo del perdón se esconde el mayor acto de rebelión que puedes llevar a cabo: la liberación de ti mismo.

## Desgarrando el Alma

El resentimiento es una prisión autoconstruida. Cada vez que alimentas el odio, cada vez que revives una ofensa pasada, clavas un ladrillo más en los muros que te separan de tu paz interior. Perdonar no es justificar el daño ni olvidar lo sucedido. No se trata de cerrar los ojos y fingir que las heridas no existen. Es, en cambio, un acto de pura valentía, el reconocimiento de que, al aferrarte al dolor, te estás haciendo más daño a ti mismo que a quien te hirió.

El perdón no es para los débiles; es para los que han tenido el coraje de enfrentarse a su dolor, mirarlo a los ojos y decidir que no les va a controlar más. El verdadero perdón es un arma de autoconservación, un grito de guerra contra el sufrimiento auto infligido.

## El Proceso Doloroso de Perdonar

El camino hacia el perdón es como una cirugía sin anestesia. Debes abrir las heridas, explorar el daño, y limpiar cada rincón con el ácido de la verdad. Es un proceso que duele, que te hará gritar y llorar. Pero también es un proceso que sana, que purga el veneno de tu sistema y te deja, al final, más fuerte, más sabio, más libre.

Este proceso implica reconocer que todos somos falibles, que todos cometemos errores. El perdón es la aceptación de la humanidad en su forma más cruda. Es entender que, aunque no puedes cambiar el pasado, puedes elegir cómo influirá en tu futuro.

### Sin Cadenas del Pasado

Perdonar es un acto de rebeldía contra un mundo que te enseña a endurecerte, a construir murallas en lugar de puentes. La sociedad te dice que el perdón es para los débiles, que el odio es una fuerza que te protege. Pero, en realidad, el odio te destruye desde dentro, corrompiendo todo lo que tocas. Cuando decides perdonar, rompes esas cadenas, te niegas a ser definido por lo que te han hecho, y te abres a la posibilidad de un futuro sin las sombras del pasado.

Perdonar no significa que los culpables se salgan con la suya; significa que tú decides no seguir siendo su víctima. Es un acto de puro poder personal, un despliegue de la verdadera inteligencia emocional, donde la autoconciencia se convierte en tu mayor aliada.

### El Precio de No Perdonar

Si decides no perdonar, debes estar preparado para pagar el precio. Ese precio es alto: es la paz que nunca encontrarás, las relaciones que no podrás construir, la felicidad que siempre estará fuera de tu alcance. El rencor es un fuego que consume tu ser, que te aleja de la plenitud que podrías alcanzar si simplemente soltaras.

Perdonar es perder, sí. Es perder el derecho a ser víctima, el derecho a deleitar tu dolor. Pero en esa pérdida, ganas algo infinitamente más valioso: tu libertad. Porque, al final, perdonar no es un regalo que le das a los demás; es un regalo que te das a ti mismo.

### Ser Libre

El perdón es una llave que abre la puerta de tu prisión interna. Es un acto de poder absoluto sobre tu propia vida. Así que, ¿estás dispuesto a perder? ¿Estás dispuesto a soltar ese lastre que has llevado tanto tiempo? Prepárate para perder, porque en esa pérdida, encontrarás la verdadera sanación, la auténtica liberación.

**"Deja de cargar con lo que no te pertenece; la verdadera libertad comienza cuando te deshaces de lo que te pesa."**

# 18

# La Herida de la Medida Injusta

El Veneno de la Pérdida

GEYS GERSON

Hay un enemigo silencioso que te acecha en cada esquina, un monstruo que se desliza en tus pensamientos más íntimos y que, sin que te des cuenta, comienza a envenenar tu espíritu. Este enemigo es la comparación. En un mundo donde todo se mide, donde cada logro, cada fracaso, es expuesto a la luz implacable de la opinión pública, compararse se ha convertido en una tortura autoimpuesta. La comparación es una trampa mortal, una batalla que nunca podrás ganar. Porque siempre habrá alguien más fuerte, más rápido, más exitoso, alguien que parece tenerlo todo. Pero la verdad, la brutal verdad que desgarra tu existencia, es que la comparación es el veneno que intensifica el dolor de perder.

## La Comparación como un Vicio Emocional

Desde pequeños, nos enseñan a compararnos. En la escuela, con las calificaciones. En el trabajo, con el rendimiento. En la vida, con el éxito de los demás. La sociedad alimenta este vicio emocional, haciéndonos creer que nuestra valía depende de cómo nos medimos frente a los demás. La comparación se convierte en una adicción, un hábito tóxico que nos roba la paz mental y la alegría de vivir.

Cuando pierdes, la comparación se convierte en un cuchillo que gira y gira en la herida. No solo estás lidiando con la Pérdida, sino también con la sensación de que otros lo están haciendo mejor que tú. Te castigas con pensamientos como "¿Por qué ellos sí y yo no?", "¿Qué tienen ellos que no tengo yo?". Estas preguntas, aunque dolorosamente humanas, son veneno puro para el alma.

## El Efecto Devastador en la Autoestima

La comparación no solo intensifica el dolor de perder; lo hace imborrable. Cada vez que te comparas, reduces tu autoestima, minando poco a poco tu confianza en ti mismo. Es como si te miraras en un espejo distorsionado, uno que siempre muestra tus defectos en alta definición mientras suaviza las virtudes de los demás.

Este efecto devastador puede paralizarte. En lugar de aprender de la Pérdida y avanzar, quedas atrapado en una espiral descendente de autocrítica y envidia.

La comparación se convierte en una prisión, donde eres tanto el carcelero como el prisionero. Y lo peor es que las puertas de esa prisión están abiertas; puedes salir cuando quieras, pero te niegas a hacerlo porque, de alguna manera retorcida, el dolor de la comparación te resulta familiar, casi reconfortante en su miseria.

**La Ilusión de la Vida Perfecta de los Demás**

Vivimos en una era de imágenes cuidadosamente curadas, donde cada post en redes sociales es una ventana a una vida aparentemente perfecta. Pero lo que no ves son las lágrimas detrás de la sonrisa, las inseguridades detrás del éxito.

La comparación se basa en la ilusión, en la creencia de que los demás tienen una vida mejor, más plena, más exitosa. Es una mentira que te dices a ti mismo para justificar tu propio dolor. El problema es que esta ilusión de perfección te hace olvidar una verdad fundamental: todos estamos luchando. Cada uno de nosotros tiene sus propias batallas, sus propias Pérdidas, sus propias cicatrices. Pero la comparación no te deja ver esto; solo ves lo que quieres ver, lo que te confirma que estás perdiendo.

**Rompiendo el Ciclo Vicioso de la Comparación:**

expectativas y estándares ajenos. Prepárate para perder, pero esta vez, pierde el hábito de compararte con los demás. Pierde la necesidad de validación externa, y en esa pérdida encontrarás la serenidad de ser suficiente tal como eres

**"Deja de compararte; cada vez que lo haces, traicionas tu autenticidad y te conviertes en una sombra de otros."**

# 19

# Sueños Rotos

**El Fracaso del Emprendedor**

GEYS GERSON

Imagina este escenario: has dedicado años de tu vida a un sueño. Has sacrificado noches de sueño, relaciones personales, e incluso tu salud. Todo con la esperanza de que un día, ese sueño se materialice, te dé la libertad y el éxito que tanto anhelas. Pero un día, cuando menos lo esperas, todo se desmorona. Lo que antes era un faro de esperanza se convierte en una sombra amenazante. El negocio que habías levantado con tanto esfuerzo colapsa, y te enfrentas a la Dura Verdad de un sueño roto. Este es el preludio de una caída que sacude tu alma y destroza la ilusión que una vez te mantuvo vivo.

## Una Apuesta Arriesgada

Emprender es, en su esencia, una apuesta. No importa cuántos estudios de mercado realices, cuántos expertos consultes o cuántas horas dediques a perfeccionar tu producto. El resultado siempre será incierto. Esa incertidumbre es una espada de doble filo: por un lado, alimenta tu pasión, te empuja a seguir adelante. Por otro lado, te susurra constantemente al oído:

"¿Y si fallas?". La realidad es que la mayoría de los emprendimientos fracasan. Es una estadística fría, implacable, que acecha a cada nuevo emprendedor. Sin embargo, cuando te sumerges en el proceso, te convences de que serás la excepción, de que tu esfuerzo y dedicación te colocarán en el reducido grupo de los que logran el éxito. Pero cuando la realidad te golpea, te das cuenta de que no hay garantías, y ese golpe, tan seco y brutal, desmorona todas tus defensas.

Lo que realmente define a un emprendedor no es si fracasa o no, sino cómo se enfrenta a ese fracaso. Es en el abismo de la Pérdida donde verdaderamente se revela tu carácter, donde cada decisión, cada reacción, marca el camino hacia tu redención o tu destrucción. Aquí es donde las palabras de aliento se convierten en polvo y donde la fuerza de voluntad debe emerger desde lo más profundo de tu ser.

## Cuando la Realidad Supera a la Pasión

El fracaso de un emprendimiento no es solo una cuestión financiera; es una devastación emocional. Es ver cómo los sueños que habías acariciado se desvanecen en el aire. Es sentir cómo el peso de tus propias expectativas cae sobre ti, aplastándote con su implacable gravedad.

Es un vacío que consume, un dolor que carcome y una incertidumbre que se infiltra en cada aspecto de tu vida.

El drama se intensifica cuando empiezas a cuestionarte a ti mismo. ¿Fuiste demasiado ingenuo? ¿Demasiado ambicioso? ¿Te cegaste a las señales de advertencia? Cada error, cada decisión equivocada, se magnifica en tu mente, alimentando una espiral descendente de dudas y autocrítica. Es fácil perderse en ese laberinto de recriminaciones, donde el único camino parece ser el de la Pérdida total.

La sensación de fracaso no es solo una herida; es un veneno que se extiende lentamente, contaminando tu percepción del mundo y de ti mismo. Es una sombra que se cierne sobre cada pensamiento, recordándote constantemente lo que has perdido y lo que podrías haber sido. Pero la verdad es mucho más compleja: el fracaso no es una sentencia, es una lección, una oportunidad para descubrir tu verdadera resistencia, para desafiar las expectativas y redefinir lo que significa ganar.

## Aceptar la Pérdida

Perder un sueño es como perder una parte de ti mismo. Y como cualquier pérdida significativa, debe ser procesada a través del duelo. Este duelo pasa por varias etapas: la negación, la ira, la negociación, la depresión y, finalmente, la aceptación. Cada etapa es un abismo emocional en sí misma, un campo de batalla donde luchas contra las fuerzas que intentan arrastrarte hacia la desesperación.

En la negación, te aferras a la esperanza de que aún hay algo que salvar, que un cambio de estrategia puede revertir la situación. Es un mecanismo de defensa, una última resistencia antes de que la verdad te golpee con toda su fuerza. Luego viene la ira, dirigida hacia ti mismo, hacia tus socios, hacia el mundo entero. Es un fuego que arde, alimentado por la frustración y la impotencia, que te consume desde dentro.

La negociación es el intento desesperado de hacer cualquier cosa para evitar el colapso total. Buscas soluciones donde no las hay, haces promesas imposibles de cumplir, todo en un esfuerzo por evitar el dolor inminente.

Y cuando estas estrategias fallan, te enfrentas a la depresión, un abismo oscuro donde te sientes atrapado, impotente. Es el momento en que todo parece perdido, en que el peso de la Pérdida se convierte en una carga insoportable.

Pero es en la aceptación donde finalmente puedes empezar a sanar. Aceptar no significa rendirse; significa reconocer la realidad y decidir cómo vas a avanzar desde ese punto. Es el primer paso hacia la liberación, el comienzo de un nuevo capítulo en el que, aunque marcado por las cicatrices del pasado, puedes encontrar un camino hacia la redención y la reconstrucción.

## Reconstruyendo desde las Cenizas

Aquí es donde comienza la verdadera enseñanza. Superar el fracaso no es una cuestión de olvidar o minimizar lo que ha ocurrido. Es una cuestión de aprendizaje, de tomar cada dolorosa lección y convertirla en una herramienta para tu futuro. Es en las cenizas de tus sueños rotos donde encuentras las semillas de una nueva visión, donde el dolor se transforma en fuerza y la Pérdida en sabiduría.

Cada fracaso es una oportunidad disfrazada, una lección escondida en el dolor. Al aceptar el fracaso como parte inevitable del camino del emprendedor, te liberas del miedo que te paraliza. Y cuando el miedo ya no tiene poder sobre ti, estás listo para intentar de nuevo. Este es el momento en que redefinir el éxito se vuelve esencial, no como un destino final, sino como un proceso continuo de crecimiento y autodescubrimiento.

Superar el fracaso también implica redefinir el éxito. No se trata solo de los resultados financieros, sino de la resiliencia que desarrollas, de la capacidad para levantarte una y otra vez, a pesar de las caídas.

El verdadero éxito es no rendirse nunca, es encontrar nuevas formas de hacer realidad tus sueños, incluso si esos sueños deben cambiar en el proceso. Es en la tenacidad, en la perseverancia frente a la adversidad, donde se forja el carácter y se revela la verdadera esencia de un emprendedor.

**El Valor de los Sueños Rotos**

Los sueños rotos son parte de la vida, especialmente para aquellos que se atreven a emprender. Pero no son el fin de la historia; son capítulos que te enseñan, que te endurecen y que, finalmente, te transforman. En la fragilidad de esos sueños se encuentra una fortaleza oculta, una oportunidad para redescubrir tu verdadero propósito y para construir algo aún más significativo.

El fracaso es doloroso, sí, pero es en ese dolor donde encuentras la fortaleza para seguir adelante. Prepárate para perder, porque en la pérdida encuentras el verdadero valor de tus sueños. Y en la reconstrucción de esos sueños, descubres el poder que siempre has tenido dentro de ti.

Es en el proceso de levantarse de las cenizas de la Pérdida donde se revela la verdadera grandeza del espíritu humano. No te prepares solo para ganar; prepárate para perder, porque es en la Pérdida donde realmente se forjan los vencedores.

# 20

# Dejar Ir

GEYS GERSON

El Arte de Soltar lo Incontrolable

GEYS GERSON

El destino es un espejo quebrado, cada fragmento reflejando una versión distorsionada de lo que alguna vez deseamos ser. No somos más que sombras intentando sostener un futuro que se desmorona en nuestras manos, fingiendo control sobre lo inevitable. Pero, ¿qué ocurre cuando finalmente aceptamos que, en la vida, perder es tan crucial como ganar? ¿Qué queda de nosotros cuando entendemos que soltar es la única manera de sobrevivir al peso de lo incontrolable?

## El Espejismo del Control

Desde el momento en que nacemos, nos enseñan a aferrarnos. Nos aferramos a personas, sueños, y objetos, creyendo que poseer algo o a alguien nos define, que mantenerlo a salvo nos protege del caos. Pero la realidad es que el control es un espejismo, una cruel ilusión que nos consume hasta que no queda nada más que desesperación.

Piensa en cada vez que trataste de moldear tu vida a tu voluntad. Aquella relación que intentaste salvar, aunque sabías que ya estaba muerta. Ese sueño que perseguías, ignorando las señales de que estaba condenado desde el principio.
Nos aferramos porque el soltar duele; duele admitir que hemos fracasado, que somos impotentes ante la fuerza imparable del tiempo y la vida.

Nos aferramos al trabajo que odiamos por miedo a la incertidumbre, a relaciones destructivas por temor a la soledad, a sueños que ya no nos representan por miedo a aceptar que hemos cambiado. El espejismo del control es más que una simple ilusión; es una prisión autoimpuesta que nos encierra en un ciclo interminable de ansiedad y desesperación. Sin embargo, es en esa misma aceptación donde reside la verdadera fortaleza. Soltar no es rendirse; es reconocer que algunas batallas no están destinadas a ser ganadas, que algunas personas y situaciones solo están de paso en nuestra vida para enseñarnos a dejar ir.

## El Dolor de la Pérdida

Soltar es enfrentarse al dolor más primitivo, al grito silenciado que retumba en nuestro interior. Es aceptar que lo que fue ya no será, que lo que amamos ya no nos pertenece, y que aferrarnos a ello solo nos destroza más.

Es mirar de frente al vacío que deja lo perdido y entender que no hay vuelta atrás, que la vida, en su cruel indiferencia, sigue avanzando sin esperar por nadie.

Este dolor no es un simple malestar; es una herida abierta que se niega a cicatrizar, una sensación que te quema desde dentro, recordándote constantemente lo que ya no está. Es el peso de cada lágrima derramada en silencio, de cada noche en vela reviviendo momentos que nunca volverán. Pero en esa destrucción, en ese dolor desgarrador, hay una lección que pocos están dispuestos a aprender: no podemos controlar todo, y ese es el punto. Porque en la vida, la pérdida es inevitable. Los sueños se rompen, las personas se van, y el tiempo no se detiene para nadie.

La verdadera pregunta es: ¿cómo lidiamos con este dolor? ¿Nos permitimos ser destruidos por él, o encontramos la fuerza para seguir adelante, más sabios, más resilientes? La respuesta a esta pregunta define el curso de nuestras vidas. Porque el dolor, aunque devastador, también es un maestro, uno que nos enseña las lecciones más importantes de nuestra existencia.

## El Arte de Soltar

Soltar es un arte, una habilidad que pocos dominan, pero que todos debemos aprender. No se trata de renunciar a nuestros sueños, sino de entender que algunos caminos no están destinados a ser recorridos, que algunas puertas deben permanecer cerradas.

Es aprender a diferenciar entre lo que podemos controlar y lo que debemos dejar ir, a aceptar nuestras limitaciones y a encontrar paz en esa aceptación. Soltar no es una Pérdida; es un acto de valentía, un reconocimiento de que no podemos hacerlo todo, de que no debemos hacerlo todo. Y en esa aceptación, encontramos libertad. Libertad de expectativas imposibles, de relaciones tóxicas, de sueños que nos encadenan. Es un renacimiento, un nuevo comienzo que nos permite redirigir nuestras energías hacia lo que realmente importa, hacia lo que podemos cambiar.

El arte de soltar no es un proceso lineal; es una danza entre el apego y la liberación, una lucha interna constante que nos desafía a cada paso.

A veces, el acto de soltar nos rompe en pedazos, pero esos mismos pedazos, cuando se reconfiguran, forman una versión más fuerte y más auténtica de nosotros mismos.

Es entender que soltar no significa olvidar, sino aprender a vivir con las cicatrices de lo que hemos perdido. Es aceptar que algunas cosas no están destinadas a ser nuestras, y que aferrarnos a ellas solo prolonga nuestro sufrimiento. Soltar es un acto de amor propio, un reconocimiento de que merecemos más que vivir atrapados en un pasado que ya no existe.

**La Transformación Personal**

Al final, dejar ir es un acto de transformación. Es el puente entre el pasado y el futuro, entre lo que éramos y lo que podemos llegar a ser. No es un camino fácil, pero es el único que nos lleva a la verdadera autoconciencia, a la comprensión de que somos más que nuestras pérdidas, más que nuestros fracasos.

Es entender que la vida no se trata de aferrarse a todo lo que deseamos, sino de aprender a soltar lo que ya no nos sirve, lo que ya no nos define. Y en ese proceso, descubrimos una verdad simple pero poderosa: solo cuando soltamos, podemos realmente empezar a vivir.

La transformación personal es el resultado de este proceso doloroso pero necesario. Es en el acto de soltar donde encontramos nuestro verdadero poder, nuestra capacidad para reinventarnos y crear una vida que se alinee con nuestra verdadera esencia. Es en la aceptación de nuestras limitaciones y en la liberación de lo que no podemos controlar donde encontramos la paz que tanto anhelamos.

La transformación no es un evento único, sino un proceso continuo. Cada vez que soltamos algo, ya sea un sueño, una relación, o una expectativa, nos acercamos un paso más a la versión más auténtica de nosotros mismos. Y es en ese viaje, en ese constante dejar ir, donde realmente descubrimos quiénes somos y de qué somos capaces.

GEYS GERSON

# 21

# Aprendiendo a las Buenas o a las Malas

**Reinventar desde el Fracaso**

GEYS GERSON

GEYS GERSON

El fracaso es un golpe brutal que nos lanza contra el suelo de la realidad. No es un evento que se pueda suavizar o minimizar; es una caída violenta que desgarra las ilusiones y expone la cruda verdad de nuestras limitaciones. En el cráter dejado por el fracaso, lo que queda es un terreno árido, seco y doloroso, que parece no tener nada que ofrecer. Pero es en este vacío absoluto donde yace el potencial para una reinvención desgarradora y auténtica.

## Lo Brutal del Fracaso

El fracaso no es amable ni diplomático. Es un espejo cruel que refleja nuestras debilidades y errores sin piedad. Nos obliga a enfrentar lo que preferiríamos ignorar: nuestras fallas, nuestras decisiones equivocadas, y las promesas rotas que nos hicimos a nosotros mismos. Este espejo no se preocupa por nuestras emociones ni por nuestras esperanzas. Simplemente muestra la verdad brutal de quiénes somos realmente cuando todo lo demás se ha desvanecido. En lugar de ignorar esta verdad, debemos enfrentarnos a ella con la misma intensidad con la que el fracaso nos ha golpeado.

## El Dolor como Materia Prima

El dolor del fracaso es un yugo pesado que amenaza con aplastarnos. Pero en lugar de permitir que nos hunda, podemos usar ese dolor como la materia prima para una nueva creación. Cada fracaso abre un pozo profundo de emociones intensas que pueden ser el catalizador para la transformación.

El vacío creado por nuestras caídas no es un lugar de Pérdida, sino un espacio fértil para reconstruir. En este terreno estéril, la creatividad puede florecer si estamos dispuestos a soportar el dolor y usarlo como impulso para crear algo nuevo y auténtico.

## Reinventar desde la Ruina

Reinventarse no es un acto de corrección, sino de destrucción y reconstrucción. Implica demoler las estructuras antiguas y empezar de nuevo desde la nada. Esta reinvención no es un proceso suave ni fácil; es un viaje turbulento lleno de dudas y fracasos adicionales. Cada intento de reconstrucción enfrenta la resistencia de los viejos patrones y expectativas.

La verdadera reinvención surge cuando aceptamos la crudeza de la caída y usamos esa experiencia para reconstruir algo completamente diferente, algo que desafíe las viejas nociones y explore nuevas posibilidades.

## Historias de Resiliencia Dolorosa

Las historias de éxito después del fracaso son testamentos de una resiliencia brutal. Thomas Edison falló miles de veces antes de que su bombilla funcionara. Cada fracaso fue una bofetada directa a sus esfuerzos, un recordatorio cruel de lo lejos que estaba de su objetivo. Steve Jobs, tras ser expulsado de Apple, no encontró un camino fácil de regreso. Su retorno a la empresa fue una batalla constante contra el escepticismo y la adversidad. Estos ejemplos no suavizan el dolor del fracaso; lo enfrentan de frente y demuestran que, aunque la caída puede ser devastadora, la capacidad de levantarse y reinventarse es lo que define el verdadero éxito.

## Resiliencia: La Realidad Implacable

La resiliencia no es una habilidad mágica, sino una capacidad dura y desafiante de enfrentar el fracaso sin rendirse. Nos obliga a aceptar el sufrimiento, el rechazo y la Pérdida como partes inevitables del viaje. No se trata de ignorar el dolor o de pretender que no existe. Es enfrentar el fracaso con la determinación de utilizarlo como una fuerza impulsora, una palanca para elevarnos y crear algo nuevo. Esta forma de resiliencia no es fácil ni cómoda; es un proceso de resistencia continua que desafía nuestras expectativas y nos obliga a reinventarnos constantemente.

## Renacer de la Ruina

El fracaso, en su forma más brutal, no es un final sino un punto de partida. Cada caída, cada Pérdida, cada golpe de realidad es una oportunidad para crear desde las cenizas. La clave está en aceptar el dolor y usarlo como una chispa para la reinvención. En lugar de temer el fracaso, debemos enfrentarlo con la determinación de que, en medio de la ruina, encontramos el terreno más fértil para nuestra creatividad y nuestra evolución personal.

# 22

# En Guerra
# y
# Sin Armas

**Enfrentando la Realidad**

GEYS GERSON

La vulnerabilidad es el terreno más inhóspito, un lugar donde las capas de protección se rasgan y el alma queda expuesta a la cruel realidad. En esta frágil desnudez, donde la fortaleza se mide no en el dominio del dolor, sino en la capacidad de soportarlo sin huir, se revela el verdadero poder de la vulnerabilidad. Aquí no hay adornos, no hay filtros. Solo la cruda esencia de lo que significa ser humano, enfrentando el abismo sin escudos ni evasivas.

## El Precio que debes pagar

La vulnerabilidad no es un simple acto de debilidad; es un desafío frontal a la superficialidad y la falsa fortaleza. Exponer nuestras verdaderas emociones y miedos es enfrentarse a la posibilidad brutal de rechazo y fracaso.

Es despojarse de las defensas que nos mantienen cómodos en nuestra burbuja de seguridad. El precio es alto y el costo emocional puede ser devastador. Pero en este sacrificio, en este dolor expuesto, se encuentra la semilla de una fortaleza genuina que no se construye sobre ilusiones de perfección, sino sobre la aceptación total de nuestra humanidad.

## La Fragilidad te Transforma

La vulnerabilidad no es simplemente un estado de debilidad; es una plataforma desde la cual podemos reconstruirnos y transformarnos. Cada vez que nos enfrentamos a nuestra propia fragilidad, nos encontramos en un punto de partida para una metamorfosis personal. La apertura que surge de la vulnerabilidad nos permite explorar y desafiar nuestras limitaciones, permitiendo que la autenticidad florezca en el terreno fértil del dolor y la incertidumbre. Esta transformación no es inmediata ni fácil, pero es esencial para desarrollar una fortaleza genuina.

## El Impacto Profundo

Aceptar y expresar nuestra vulnerabilidad tiene efectos profundos en nuestra vida personal y en nuestras relaciones. Nos permite construir conexiones auténticas y profundas con los demás, basadas en la verdad y la empatía. Cuando nos mostramos tal como somos, sin adornos ni defensas, creamos un espacio para que otros también se muestren auténticos.

Esta reciprocidad fortalece los lazos humanos y fomenta un entorno de comprensión y apoyo genuino. La vulnerabilidad, en su esencia, es una invitación a la autenticidad que puede enriquecer nuestras relaciones y nuestro sentido de pertenencia.

## Historias de Fuerza

La historia está llena de relatos de personas que han encontrado su verdadera fortaleza al enfrentarse a sus propias vulnerabilidades. Brene Brown, a través de su investigación, ha demostrado cómo el coraje de ser vulnerable puede conducir a una vida más plena y auténtica. Sus hallazgos revelan que la vulnerabilidad no solo es un camino hacia el crecimiento personal, sino también una fuerza poderosa para conectar con los demás de manera significativa.

Ejemplos como el de Brown validan la idea de que el poder de la vulnerabilidad radica en su capacidad para revelar nuestra humanidad compartida y fomentar una comprensión más profunda de nosotros mismos y de los demás.

## La Ruta del Autoconocimiento

Explorar nuestras vulnerabilidades nos lleva a un viaje profundo de autoconocimiento. Este viaje implica confrontar aspectos de nosotros mismos que solemos evitar, enfrentando nuestros miedos y fallos sin rodeos. A través de esta introspección, podemos obtener una comprensión más clara de nuestras verdaderas necesidades y deseos. Este proceso de autoexploración es fundamental para desbloquear nuestro potencial y para desarrollar una vida que sea auténtica y alineada con nuestra verdadera esencia.

## Construyendo Fortaleza

La fortaleza que surge de la vulnerabilidad no es una fortaleza superficial basada en la apariencia de invulnerabilidad, sino una fortaleza genuina que se basa en la aceptación y el abrazo de nuestras debilidades. Esta fortaleza no solo resiste las adversidades, sino que también se adapta y crece a partir de ellas. Al integrar nuestras vulnerabilidades en nuestra narrativa personal, construimos una base sólida para una vida más rica y significativa, capaz de enfrentar los desafíos con una fortaleza verdadera y profunda.

**Ser consiente**

La vulnerabilidad, lejos de ser una debilidad, es una forma poderosa de fortaleza que nos permite conectar con nuestra humanidad y con los demás de manera auténtica. Al aceptar y expresar nuestra fragilidad, descubrimos un potencial profundo para la transformación personal y el crecimiento. La verdadera fortaleza radica en nuestra capacidad para ser vulnerables, para aceptar el dolor y para usarlo como un trampolín hacia una vida más rica y significativa. En esta Verdad Afilada , encontramos el poder de la vulnerabilidad y su capacidad para redefinir nuestra fortaleza.


**"Despertar a la realidad duele, pero seguir dormido es el verdadero infierno; elige el dolor de la verdad y libera tu vida".**

GEYS GERSON

# 23

# Enciende tu Mañana

Cada Mañana es un Lienzo en Blanco

Imagina por un momento que la mañana es un lienzo en blanco, una vasta e inexplorada tierra, esperando ser descubierta con el primer rayo de sol. Desde el instante en que abres los ojos, te encuentras en el umbral de un nuevo mundo lleno de promesas y posibilidades. ¿Estás listo para encender tu mañana y transformar cada día en una experiencia vibrante y llena de significado?

## Despierta

Cada mañana es un regalo inigualable, una invitación a despertar tu poder interior. Siente cómo la energía del nuevo día fluye a través de ti, renovándote, preparándote para conquistar cada desafío con valentía.

Tu despertar no es simplemente el inicio de un día, sino el primer paso hacia un destino lleno de grandeza y éxito. Deja que esta sensación te envuelva, y permite que cada fibra de tu ser se despierte a la magnificencia que te aguarda. Este es tu momento de tomar el control, de afirmar tu propósito y de comenzar con una energía que te impulse a alcanzar tus sueños más audaces.

## Enfoca tu Energía

Visualiza tus rituales matutinos como una danza sagrada que despierta y energiza tu alma. Imagina inhalar profundamente, absorbiendo el aire fresco y revitalizante que llena tus pulmones con vida. Con cada respiración, siente cómo tu energía se eleva, y con cada exhalación, libérate de cualquier tensión. Practica la gratitud, un susurro de agradecimiento que te conecta con el flujo de abundancia y te prepara para recibir el esplendor del día. Un pequeño ritual, como un estiramiento matutino o una afirmación positiva, puede ser el catalizador que enciende el fuego interior de tu ser, haciendo que cada mañana sea un renacimiento lleno de posibilidades.

## Visualiza la Magia de Estar en la Cima

Antes de levantarte, cierra los ojos y déjate llevar por la magia de la visualización. Imagina cada detalle de tu día ideal como si estuvieras pintando un lienzo con los colores más vibrantes. Ve cómo cada tarea se realiza con fluidez, y siente cómo cada logro te envuelve en una ola de satisfacción y orgullo. Este es tu espacio sagrado de creación; en él, eres el artista de tu destino.

Deja que esta visión te envuelva como un manto, preparándote para recibir el día con una confianza y un propósito inquebrantables. Visualizar el éxito te proporciona una hoja de ruta que tu mente y cuerpo seguirán con determinación, transformando tus sueños en una realidad palpable.

## Tu Primer Pensamiento

El primer pensamiento del día es una poderosa llave que abre las puertas de tu realidad. Escoge un pensamiento positivo y transformador que actúe como tu faro de luz. Puede ser una afirmación poderosa, una cita inspiradora, o simplemente un recordatorio de tus metas. Deja que este pensamiento te guíe y te inspire a lo largo del día, creando una corriente de energía positiva que te llevará hacia tus objetivos con determinación y pasión. Imagina cada pensamiento positivo como una chispa que enciende la llama de tu potencial, creando un resplandor que ilumina tu camino hacia el éxito.

## Tu Acción Temprana

Siente cómo la acción temprana despierta un impulso imparable dentro de ti. Imagina tomar el primer paso de tu día con una energía renovada, cada pequeño logro creando una ola de éxito que arrastra todo lo que toca.

Permite que esta acción matutina sea la chispa que enciende la llama de tu motivación, transformando cada desafío en una oportunidad de crecimiento. Cada tarea completada temprano en la mañana es una victoria que te llena de una energía positiva que se expande y multiplica, dándote la fuerza para enfrentar el resto del día con una actitud triunfante.

## Transforma tus Desafíos

Cuando te enfrentes a una mañana difícil, visualiza cada obstáculo como una oportunidad dorada para fortalecer tu espíritu. Imagina que cada desafío es una lección disfrazada, una chance para expandir tus límites y descubrir tu verdadera fuerza. Deja que estos momentos de dificultad te enseñen, te fortalezcan y te impulsen hacia una mayor grandeza.

Cada desafío es una oportunidad para crecer, un peldaño en la escalera hacia tu mejor versión. Siente cómo la adversidad se convierte en un maestro que te guía hacia un mayor entendimiento y éxito personal.

## Crea tu Entorno Inspirador

El entorno en el que te despiertas tiene el poder de influir en tu estado mental y emocional. Imagina tu espacio matutino como un santuario de inspiración y serenidad. Visualiza cada detalle, desde los colores que te rodean hasta las texturas que tocas, como elementos que te envuelven en una atmósfera de calma y creatividad.

Un entorno ordenado y agradable no solo contribuye a tu bienestar, sino que también actúa como un catalizador para tu productividad y motivación. Deja que cada aspecto de tu entorno te llene de una energía positiva y transformadora, preparándote para recibir el día con un espíritu elevado y renovado.

## La Magia de tu Mañana

Cada mañana es una oportunidad divina para encender tu vida con una energía vibrante y un propósito renovado. Tienes el poder de transformar tu realidad con cada elección que haces al despertar. Abre los ojos al nuevo día con una visión clara, una motivación ardiente y una confianza inquebrantable.

Deja que cada mañana sea un nuevo comienzo, una oportunidad para vivir tu vida con pasión y plenitud. Enciende tu mañana, y deja que el fuego de tu espíritu ilumine cada rincón de tu existencia.

Siente cómo cada amanecer te ofrece una página en blanco, lista para ser escrita con las historias de tus logros y sueños cumplidos.

GEYS GERSON

# 24

# La Magia del Ahora

**El Arte de Capturar el Instante**

Imagina por un momento que cada respiro que tomas es el último, que cada palabra que pronuncias es la definitiva, y que cada mirada que ofreces es la que dejará una huella eterna en la memoria de quien la recibe. Así de intensa es la realidad del ahora, un instante efímero y sublime, donde todo lo que eres, sientes y experimentas converge en una sinfonía de posibilidades infinitas. Este es el ahora, el aquí, el momento en que toda la magia de la vida se despliega en su máxima expresión.

¿Por qué vivir atrapado en los fantasmas del pasado o en las ilusiones del futuro, cuando el presente te ofrece un lienzo en blanco, listo para ser pintado con los colores más vibrantes de tu alma?

**El ahora es el único terreno fértil donde las semillas de tus sueños pueden germinar, crecer y florecer.**

Es el escenario donde tus aspiraciones se encuentran con la realidad, donde el propósito se transforma en acción, y donde la vida, en toda su magnitud, se siente, se vive y se respira. Vivir en el presente no es simplemente una frase cliché de autoayuda; es una poderosa realidad que, cuando es comprendida y abrazada, tiene el poder de transformar radicalmente tu vida.

Es en el ahora donde encuentras la paz que tanto anhelas, la alegría que constantemente buscas y la plenitud que en el fondo de tu ser sabes que mereces. Cada segundo que pasa es una oportunidad para sumergirte en la riqueza del momento, para sentir con intensidad, para amar con profundidad, y para existir en toda la plenitud.

Pero, ¿cómo capturar esta magia del ahora? La clave está en la conciencia plena, en la capacidad de detener el tiempo interno y enfocar toda tu energía en lo que está ocurriendo justo delante de ti.

No se trata de ignorar el pasado ni de dejar de planificar el futuro, sino de darle a cada uno su justo lugar, sin que ninguno robe la majestuosidad del presente. Vivir en el ahora es un arte que se cultiva con práctica, un hábito que se desarrolla con intención y un estado que se alcanza con la disposición de ser auténticamente tú en cada instante.

En este espacio de tiempo que llamamos ahora, es donde realmente te conectas contigo mismo y con el mundo que te rodea. Es donde descubres el verdadero valor de las cosas, de las personas, de los momentos.

Es donde te das cuenta de que la felicidad no es algo que alcanzarás algún día, sino algo que puedes crear en este mismo instante. Es donde comprendes que la vida, con todos sus altibajos, con todas sus victorias y Pérdidas, es un regalo que se despliega segundo a segundo, esperando ser vivido en su máxima expresión.

**Ponlo a Prueba.**

Ahora, cierra los ojos por un momento. Respira profundamente. Siente el aire entrando en tus pulmones, el latido de tu corazón, la vida pulsando en cada célula de tu cuerpo. Este es tu ahora. Este es tu momento de capturar la magia de la vida en toda su esplendorosa simpleza.

Deja que cada inhalación te llene de energía, que cada exhalación te libere de cualquier peso que te impida disfrutar del presente, y que cada pensamiento se disuelva en la serenidad del momento presente. Porque es en este ahora, en este preciso instante, donde resides tú, donde se encuentra tu poder, donde nace tu libertad.

**Es aquí donde puedes ser, hacer y tener lo que desees, si tan solo te permites vivir plenamente en el presente.**

Captura la magia del ahora, y descubre que, en este espacio de tiempo, pequeño pero poderoso, se encuentran todas las respuestas que has estado buscando, todas las soluciones que necesitas, y toda la felicidad que siempre has deseado.

Es en el ahora donde las decisiones más importantes de tu vida cobran sentido. No puedes cambiar lo que ya pasó, pero sí puedes moldear cómo te afecta. No puedes controlar lo que vendrá, pero sí puedes influir en cómo te preparas para ello.

El presente es tu zona de poder, tu campo de acción. Es donde decides con conciencia, donde actúas con intención, y donde te conectas con tu propósito más profundo.

Al aprender a vivir en el ahora, te das cuenta de que el tiempo no es algo que pasa, sino algo que tú experimentas. Cada instante se convierte en una oportunidad para ser mejor, para amar más intensamente, para aprender con más profundidad.

El presente no es simplemente un puente entre el pasado y el futuro; es un destino en sí mismo, un espacio sagrado donde la vida se revela en toda su plenitud.

**¿Cuántas veces has perdido momentos valiosos pensando en lo que pudo ser o en lo que podría ser?**

¿Cuántas veces has dejado escapar la magia del ahora, atrapado en la maraña de pensamientos que te alejan de la realidad presente? Es hora de romper con ese ciclo, de liberarte de las ataduras del pasado y de las preocupaciones del futuro. Es hora de vivir, de sentir, de existir en el ahora con toda la intensidad que tu alma puede ofrecer.

El ahora es un regalo que la vida te ofrece constantemente. No lo desperdicies. No lo dejes pasar sin saborear cada segundo, sin absorber cada emoción, sin vivir cada experiencia en su máxima expresión.

**La vida no espera a que estés listo; la vida sucede en el ahora, y depende de ti aprovechar cada momento.**

Captura la magia del ahora, y descubre que en este espacio de tiempo, pequeño pero poderoso, se encuentran todas las respuestas que has estado buscando, todas las soluciones que necesitas, y toda la felicidad que siempre has deseado. Vive en el ahora, y verás cómo el pasado pierde su poder y el futuro se convierte en una posibilidad, no en una preocupación.

**El ahora es tuyo, tómalo, vívelo, disfrútalo.**

GEYS GERSON

# 25

# Ríe Y Resplandece

GEYS GERSON

En la complejidad de nuestra existencia, hay un regalo tan sencillo y tan poderoso que a menudo subestimamos: la risa. Imagina por un momento cómo una risa genuina puede desvanecer la tristeza, transformar un día gris y encender una chispa de alegría en el corazón. La risa es mucho más que una reacción espontánea; es una vibración de luz que ilumina nuestra vida, un acto de libertad que nos conecta con la esencia más pura de nuestro ser.

Cuando te permites reír sin reservas, estás dando un regalo invaluable a tu alma. Cada carcajada es una ola de vitalidad que arrastra las tensiones y las preocupaciones, un acto de auto-cuidado que revitaliza tu espíritu y te recuerda la belleza inherente en lo cotidiano. La risa no solo embellece nuestro rostro, sino que también actúa como un bálsamo para el corazón, calmando las penas y refrescando nuestra perspectiva.

En los momentos de presión y estrés, la risa actúa como un refugio de calma y renovación. Recuerda aquellos días en que una simple broma, una situación divertida o una risa compartida con un ser querido te ofreció un respiro de alivio, una pausa en la vorágine de la rutina.
La risa es una medicina poderosa que disuelve las barreras, aligera la carga de nuestras preocupaciones y nos regala un espacio de serenidad.

La ciencia confirma que la risa tiene efectos tangibles en nuestra salud física y mental. Estudios han demostrado que reír activa los músculos faciales, estimula la liberación de endorfinas y reduce los niveles de cortisol, la hormona del estrés. La risa fortalece nuestro sistema inmunológico, mejora nuestra circulación sanguínea y proporciona una sensación de bienestar general. Es un antídoto natural contra el estrés y la ansiedad, una herramienta que podemos utilizar para mantener nuestro equilibrio emocional.

Además de sus beneficios físicos, la risa es un catalizador para una mentalidad positiva. En momentos de dificultad, una actitud risueña puede ser la clave para mantener la esperanza y la resiliencia. Al reír, activamos una perspectiva más optimista, una capacidad para ver lo mejor en las situaciones más desafiantes. La risa nos enseña a reírnos de nosotros mismos, a abrazar nuestras imperfecciones y a encontrar la alegría en el viaje, no solo en el destino.

La risa es el puente que fortalece nuestras conexiones con los demás. Al compartir una risa, creamos un lazo genuino que trasciende las palabras y fomenta un sentido de pertenencia y comprensión mutua. Es un lenguaje universal que une corazones y nos recuerda que, a pesar de nuestras diferencias, todos buscamos lo mismo: momentos de alegría y conexión auténtica.

En cada sonrisa y cada carcajada, encontramos una invitación a experimentar la vida con una nueva perspectiva. La risa nos anima a soltar las preocupaciones y a disfrutar del presente con un corazón abierto y una mente libre. Es un acto de liberación que nos recuerda que la vida, en su esencia, es un regalo lleno de posibilidades para reír y celebrar.

Dedica tiempo a reír en tu vida diaria. Busca esos momentos de alegría espontánea, comparte risas con quienes te rodean y permite que la risa sea una constante en tu vida. La vida es demasiado corta para no disfrutarla al máximo, y la risa es la llave que abre las puertas a una existencia llena de vitalidad y plenitud. Incluso en medio de la adversidad, la risa tiene el poder de transformar lo cotidiano en extraordinario.

La verdadera belleza de la risa es que es un regalo que siempre está disponible para nosotros. No importa cuán difíciles sean los momentos, siempre podemos elegir cómo responder. En lugar de permitir que el estrés y la tristeza nos dominen, podemos elegir reír, encontrar humor en las situaciones y permitir que la alegría fluya a través de nosotros. La risa es una herramienta poderosa para mantenernos conectados con lo que realmente importa, para recordar que, a pesar de las dificultades, siempre hay razones para sonreír.

Así que ríe con libertad, sonríe con intensidad y deja que cada momento de alegría sea un recordatorio de la belleza que reside en el presente. Reír no solo transforma nuestro estado de ánimo; transforma nuestra vida, haciendo que cada día sea una celebración de la alegría que llevamos dentro. En cada risa, en cada sonrisa sincera, encuentras la fuerza para resplandecer y para compartir esa luz con el mundo. Ser un ladrón de sonrisas es ser un arquitecto de felicidad. Es tomar la decisión consciente de buscar oportunidades para hacer reír a los demás, de ofrecer un respiro de alegría en medio de las dificultades diarias.

Cada sonrisa que robamos y regalamos se convierte en un regalo que trasciende el momento, un acto de generosidad que enriquece la vida de todos los involucrados. Es un acto de amor que tiene el poder de transformar el ambiente, de elevar el espíritu y de unir corazones en una celebración de la vida.

Cuando nos convertimos en ladrones de sonrisas, no solo ofrecemos alegría, sino que también recibimos una abundancia de felicidad a cambio. La risa compartida crea una energía positiva que regresa a nosotros multiplicada, un ciclo virtuoso de bienestar y conexión.

La satisfacción de ver a alguien sonreír, de saber que has hecho una diferencia en su día, es una recompensa invaluable que llena nuestro propio corazón con un sentido de propósito y gratitud. Cada vez que elegimos robar una sonrisa, estamos eligiendo ser agentes de cambio, cultivadores de esperanza y sembradores de alegría. Estamos creando un mundo donde la bondad y la risa son las normas, no las excepciones.

La magia de robar sonrisas no solo reside en el impacto inmediato, sino en el efecto duradero que tiene en nuestras relaciones y en nuestra comunidad. Es una forma de vida que fomenta la felicidad, fortalece los lazos humanos y transforma cada interacción en una oportunidad para celebrar la vida.

Así que haz de tu vida un desfile de sonrisas. Cada gesto de alegría, cada risa compartida, es una semilla que siembras en el jardín de la humanidad, una contribución a un mundo más brillante y más lleno de amor.

En cada sonrisa robada, en cada instante de felicidad regalado, encuentras el poder de elevar el espíritu y de crear un impacto positivo que perdura en el tiempo. Sé un ladrón de sonrisas, y en ese acto de generosidad descubrirás una fuente interminable de alegría y conexión que enriquecerá tanto tu vida como la de los demás.

**"Esa energía que roba tu sonrisa es un veneno disfrazado de amabilidad; identifica al ladrón y protegido, porque tu alegría es tu mejor defensa."**

# Explora el Lujo en lo Cotidiano

En un mundo que a menudo mide el éxito y la riqueza por lo material y lo visible, nos encontramos atrapados en una búsqueda interminable de grandes logros y posesiones deslumbrantes. Vivimos en una sociedad que adora lo ostentoso: coches deportivos que rugen con poder, mansiones que deslumbran con su opulencia, y relojes que marcan no solo el tiempo, sino el estatus.

Pero, ¿qué pasaría si te dijera que el verdadero lujo no se encuentra en esas extravagancias? ¿Qué pasaría si te revelara que el lujo más puro y auténtico yace en los momentos más simples y cotidianos de tu vida?

Imagina por un instante despertar cada mañana con una sensación de gratitud profunda y asombro genuino por las pequeñas maravillas que te rodean. Imagina que, en lugar de perseguir siempre la próxima gran meta, encuentras una riqueza inigualable en los detalles más sutiles y familiares de tu existencia diaria. ¿Cómo cambiaría tu vida si comenzaras a ver el lujo no en lo grandioso y distante, sino en lo cercano, en lo que ya es parte de ti?

## El Lujo Oculto en lo Ordinario

El lujo no siempre se encuentra en las extravagancias o en objetos de alto valor. De hecho, el verdadero lujo reside en los momentos que, a primera vista, parecen ordinarios. Un café recién hecho en la calma de la mañana, el sol acariciando tu piel, una conversación sincera con un amigo. Estos momentos, que pueden parecer triviales, están cargados de una riqueza que a menudo pasamos por alto. Cuando aprendemos a apreciar estos detalles, transformamos nuestra percepción de la vida, encontrando lujo en cada rincón de nuestra existencia.

El lujo no es sólo una cuestión de posesiones; es una experiencia sensorial y emocional que se encuentra en los momentos más simples. Al sumergirnos en la belleza de lo cotidiano, descubrimos un nuevo tipo de riqueza que no se mide en términos materiales, sino en la profundidad de nuestra conexión con el presente.

## Redefiniendo el Concepto de Abundancia

La abundancia no es una cuestión de cantidad, sino de calidad y apreciación. La verdadera abundancia se manifiesta en la capacidad de disfrutar y valorar lo que ya tenemos.

Cada pequeño momento de gratitud y conexión te ofrece una oportunidad para experimentar el verdadero lujo. La riqueza no reside en lo que poseemos, sino en cómo percibimos y vivimos cada instante de nuestras vidas.

Nuestra comprensión del lujo, nos invita a ver más allá de los indicadores materiales de éxito y a centrarnos en la abundancia que se encuentra en nuestra capacidad para apreciar lo simple. Al redefinir lo que significa tener abundancia, nos abrimos a una forma más profunda y significativa de experimentar el lujo.

## La Grandeza en lo Habitual

En un mundo que exalta el cambio y la novedad, la rutina a menudo se percibe como un enemigo de la aventura y la emoción. Pero, ¿y si te dijera que la verdadera grandeza no se encuentra en las sorpresas esporádicas, sino en la majestuosidad de lo habitual? Imagina por un momento que cada rutina diaria, desde la primera taza de café de la mañana hasta el apacible ritual de prepararte para dormir, es un escenario lleno de posibilidades y valor escondido. Siente cómo la rutina, a menudo considerada mundana y repetitiva, es en realidad una fuente de lujo y grandeza.

La rutina puede parecer un mar de monotonía, pero en realidad, es un tapiz rico en matices y significado. Cada acción repetida, desde el suave zumbido del despertador hasta el momento en que cierras los ojos por la noche, teje una historia de constancia y propósito. La clave está en cómo percibimos y valoramos estos momentos. Al examinar más de cerca nuestras rutinas diarias, descubrimos que cada una está cargada de potencial para una profunda satisfacción y significado.

Visualiza tus mañanas, por ejemplo. La manera en que preparas tu café, el aroma que llena la cocina, el primer sorbo que te despierta: este ritual diario es una celebración de lo simple. Este acto ordinario, que puede parecer trivial, es en realidad un acto de lujo cotidiano. La verdadera magia reside en cómo te conectas con estos momentos y los valoras por lo que son: un regalo diario de estabilidad y previsibilidad en un mundo a menudo caótico.

El verdadero lujo no siempre está en lo grande o lo llamativo; a menudo, se encuentra en la elegancia de lo cotidiano. Cada pequeña rutina tiene el poder de elevar nuestra experiencia diaria, brindándonos un sentido de orden y paz. Cuando comienzas a ver tus rutinas como oportunidades para encontrar belleza y significado, transformas lo ordinario en algo extraordinario.

Permítete descubrir la grandeza en cada pequeño detalle. La forma en que te preparas para el día, cómo te cuidas a ti mismo, las interacciones diarias con tus seres queridos: cada uno de estos aspectos de tu rutina tiene el potencial de ser una fuente de inspiración y alegría. Al apreciar estos momentos, no sólo enriqueces tu vida diaria, sino que también cultivas una forma de lujo que es accesible y constante.

En lugar de ver la rutina como una carga, cámbiala por una perspectiva de gratitud y apreciación. Cada momento de tu día es una oportunidad para experimentar el lujo en su forma más pura. La rutina no es una serie de tareas que debes cumplir, sino una serie de momentos que te permiten conectar con lo que es realmente valioso en tu vida. Este encuentro con tu yo interior, te permite observar la alegría y satisfacción en cada paso del camino, haciendo que lo cotidiano se sienta extraordinario.

La rutina no es sólo un ciclo interminable de tareas; es un testimonio de la estabilidad y el propósito en tu vida. Al aprender a encontrar la grandeza en lo habitual, no sólo transformas tu perspectiva sobre la rutina, sino que también descubres una nueva forma de experimentar el lujo y la satisfacción. Abrazar esta visión te permite vivir una vida más rica y significativa, donde cada momento cotidiano es una celebración de lo simple y lo sublime. Prepárate para ver tu vida diaria bajo una nueva luz, descubriendo el verdadero valor y la belleza en cada paso del camino.

## Descubriendo la Belleza en lo Cotidiano

Cada día está lleno de momentos de belleza que a menudo pasan desapercibidos. Desde el sonido de las hojas al viento hasta el brillo de una estrella en el cielo, estos momentos tienen el poder de inspirarnos y llenarnos de gratitud. Al aprender a notar y apreciar estos detalles, cultivamos una mentalidad de abundancia que nos permite experimentar la verdadera riqueza de la vida.

La belleza en lo cotidiano no sólo embellece nuestra existencia, sino que también nos ayuda a mantenernos conectados con lo que realmente importa. Estos momentos de belleza nos invitan a detenernos, a respirar y a experimentar la vida con una renovada apreciación.

El lujo no está reservado para ocasiones especiales o para aquellos con grandes riquezas materiales. El verdadero lujo se encuentra en la apreciación de lo cotidiano, en la capacidad de ver la grandeza en los detalles más simples de nuestra vida. Al explorar y celebrar el lujo en lo cotidiano, transformamos nuestra forma de vivir y descubrimos una abundancia que va más allá de lo material.

# 27

# Recuerdos Dorados

En cada paso de tu vida, hay huellas que nunca se borran, colores que, con el tiempo, se vuelven más intensos, más vibrantes. Esos son los recuerdos dorados, momentos que brillan con una luz propia, inmortalizados en la memoria, no por su grandeza, sino por la pureza de la emoción que evocan. Estos recuerdos son el verdadero tesoro de nuestra existencia, un refugio en tiempos de tormenta, una sonrisa en medio de la adversidad.

## La Magia de los Recuerdos Inolvidables

Imagina por un instante que cierras los ojos y permites que tu mente viaje hacia esos momentos de tu vida que, aunque fugaces, dejaron una marca indeleble en tu alma. Esas primeras risas compartidas, la calidez de un abrazo que te envolvió cuando más lo necesitabas, las palabras de aliento que llegaron como un bálsamo para tu corazón herido. Estos recuerdos no solo forman parte de tu pasado, sino que son la esencia de quien eres hoy.

Cuando el mundo te exige más, cuando las pérdidas parecen abrumadoras y las Pérdidas te hacen tambalear, es en esos recuerdos dorados donde encuentras la fuerza para seguir adelante. No se trata de vivir anclado en el pasado, sino de reconocer que en esos momentos, en esas pequeñas cápsulas de tiempo, reside una verdad profunda: fuiste feliz, estuviste completo, y eso, nadie puede arrebatártelo.

## La Nostalgia Positiva

La nostalgia, a menudo vista como una trampa emocional, tiene en realidad un poder transformador cuando se canaliza positivamente. No es un lamento por lo que ya no está, sino una celebración de lo que una vez fue. Es el reconocimiento de que esos instantes de plenitud no se desvanecieron con el tiempo; al contrario, se han convertido en una parte intrínseca de ti, en la chispa que enciende tu espíritu cada vez que te enfrentas a la adversidad.

Recuerda esa vez que reíste hasta las lágrimas, o cuando un atardecer pintó el cielo de colores tan hermosos que te hicieron sentir en paz con el universo. Estos son los recuerdos que importan, los que te enseñan que la vida, con todas sus complejidades, también está hecha de momentos de pura simplicidad y belleza.

### Revive el Pasado

No te equivoques; no estoy sugiriendo que te aferres al pasado. Sin embargo, esos recuerdos dorados son la materia prima con la que puedes construir un futuro más rico, más pleno. Cada vez que rememoras un instante de felicidad, fortaleces tu capacidad para generar nuevos momentos de dicha. Es un círculo virtuoso: la felicidad pasada alimenta la esperanza y la motivación para crear nuevas experiencias que, con el tiempo, se convertirán en los recuerdos dorados del mañana.

Permítete, entonces, revivir esos momentos, pero hazlo con la intención de recargarte, de inspirarte. Déjate llevar por la nostalgia positiva que te reconecta con la esencia de lo que realmente importa: las personas que has amado, los sueños que has perseguido, los logros que has alcanzado, y sobre todo, los sentimientos que han llenado tu corazón.

### Recuerdos que Sanan el Alma

Hay recuerdos que tienen el poder de sanar. Tal vez sea el recuerdo de una sonrisa compartida con un ser querido que ya no está, o de un día perfecto en el que todo parecía estar en su lugar. Estos recuerdos no son simples fragmentos de tu pasado; son anclas que te mantienen conectado con tu ser más profundo, con la versión de ti que siempre ha sido capaz de amar, de soñar y de ser feliz.

En medio de las pérdidas, es fácil sentirse desconectado de lo que una vez fue. Pero es precisamente en esos momentos cuando debes sumergirte en la riqueza de tus recuerdos dorados, permitiendo que cada uno de ellos te envuelva con su calidez, recordándote que la felicidad es una construcción que se nutre de pequeñas victorias cotidianas y de momentos sublimes que dejan una huella imborrable en tu espíritu.

### El Legado de tus Recuerdos

Finalmente, entiende que esos recuerdos dorados son parte de tu legado. No solo para ti, sino para aquellos que te rodean, para aquellos que compartirán contigo el camino de la vida.

Cada vez que evocas un recuerdo, lo mantienes vivo, lo dotas de nueva energía. Y es esa energía la que puedes transmitir a otros, convirtiendo tus experiencias en lecciones de vida, en historias que inspiran, en ejemplos de que, a pesar de todo, siempre hay motivos para sonreír.

Tu vida, con todos sus altibajos, está llena de momentos dignos de ser recordados. Esos momentos no son solo tuyos; son una parte de la gran narrativa de la humanidad, una prueba de que, incluso en las peores circunstancias, hay espacio para la alegría, para la conexión, para el amor.

## Es un Lujo

Los recuerdos dorados son el verdadero lujo de la vida. No son las posesiones materiales, ni los títulos que acumulamos, sino esos momentos de pura conexión emocional, de auténtica felicidad, los que realmente importan. Al final del día, cuando todo lo demás se haya desvanecido, serán esos recuerdos los que te acompañarán, los que te recordarán que, a pesar de las pérdidas, tu vida ha estado llena de riqueza, de significado, de amor.

Así que, cada vez que te sientas abrumado por las pérdidas, cierra los ojos y deja que los recuerdos dorados iluminen tu camino. Recuerda que, aunque la vida te pida que te prepares para perder, también te ha regalado innumerables momentos de victoria, de felicidad, de amor. Y esos momentos, querido lector, son tu verdadero tesoro.

GEYS GERSON

# 28

# Ascenso Desde el Abismo

GEYS GERSON

En la vida, cada Pérdida esconde un secreto poderoso: es el preludio de un nuevo comienzo, el primer paso hacia un renacimiento que solo los valientes conocen. Cuando te encuentras en el abismo, en el lugar más oscuro y solitario, es donde se revela la verdadera fuerza que habita en ti. Es ahí, en ese instante crítico, donde decides no solo sobrevivir, sino ascender.

Cada golpe que has recibido, cada vez que la vida te ha derribado, no ha sido un castigo, sino una llamada. Una llamada a despertar tu grandeza interior, a encontrar en el dolor la chispa que enciende el fuego de tu transformación. Las cicatrices que llevas son medallas de honor, pruebas irrefutables de tu capacidad para resistir y resurgir.

Este ciclo de vida, esta danza constante entre la luz y la sombra, te enseña que las Pérdidas no son finales, sino pausas necesarias. Son momentos que te obligan a mirar dentro de ti, a reconectar con tu propósito más profundo, y a levantarte con una determinación inquebrantable. Porque en el abismo es donde descubres tu verdadero poder; es donde te reinventas, donde te elevas más allá de lo que alguna vez creíste posible.

Ahora, al cerrar este libro, no pienses en lo que has perdido, sino en lo que has ganado: una nueva perspectiva, una nueva fortaleza, y una inquebrantable voluntad de ascender, de ir más allá de tus límites. Este es el ciclo de la vida: caer para aprender, levantarse para crecer, y ascender para conquistar.

Este es tu momento. Este es tu ascenso desde el abismo. Porque no importa cuán profundo hayas caído, siempre tienes la capacidad de elevarte más alto, más fuerte, y más decidido. Y con cada paso que das, te acercas más a la vida que mereces, una vida donde cada Pérdida solo te impulsa a nuevas alturas.

**'Tu Propio Viaje'**

Este es tu momento, el espacio donde el verdadero poder del libro cobra vida a través de tus propias experiencias y reflexiones. Aquí, cada palabra que escribas es un puente entre tus Pérdidas pasadas y el camino hacia tu renacimiento personal. Las preguntas que siguen son una invitación a profundizar, a mirar dentro de ti con la honestidad y el coraje necesarios para transformar cada caída en un trampolín hacia tu grandeza.

**1.** ¿Cuál ha sido la Pérdida más grande que has enfrentado, y qué creencias sobre ti mismo surgieron de esa experiencia? ¿Son estas creencias un reflejo de la verdad o de un miedo que necesita ser superado?

_______________________________________________

_______________________________________________

_______________________________________________

_______________________________________________

_______________________________________________

_______________________________________________

**2.** Si pudieras regresar al momento de tu mayor fracaso, ¿qué palabras te dirías a ti mismo desde el lugar de sabiduría y fuerza que has ganado ahora?

_______________________________________________

_______________________________________________

_______________________________________________

_______________________________________________

_______________________________________________

_______________________________________________

**3.** ¿Qué aspectos de tu vida han quedado estancados debido al miedo a fracasar nuevamente? ¿Cómo puedes transformar ese miedo en una oportunidad para crecer y avanzar?

_______________________________________________

_______________________________________________

_______________________________________________

_______________________________________________

_______________________________________________

_______________________________________________

**4.** En el viaje de la vida, ¿cómo han influido tus Pérdidas en la persona que eres hoy? ¿Qué lecciones cruciales has aprendido que ahora forman la base de tu fortaleza?

---

**5.** ¿En qué áreas de tu vida te has conformado con menos de lo que realmente quieres, por miedo a enfrentar otra Pérdida? ¿Qué pasos concretos puedes tomar ahora para transformar ese miedo en un impulso hacia la acción positiva?

---

**6.** ¿Qué relaciones, hábitos o pensamientos necesitas soltar para abrir espacio a nuevas oportunidades y a un crecimiento verdadero?

---

**7.** Cuando piensas en tus metas y sueños actuales, ¿están alineados con tu verdadero propósito o están influenciados por el deseo de evitar el fracaso? ¿Qué pasaría si actuaras desde un lugar de auténtico deseo y no desde el temor?

---

_______________________________________________

_______________________________________________

_______________________________________________

_______________________________________________

_______________________________________________

**8.** ¿Cómo puedes usar tus Pérdidas pasadas como una fuente de inspiración y motivación para alcanzar un nivel de éxito y realización que nunca imaginaste?

_______________________________________________

_______________________________________________

_______________________________________________

_______________________________________________

_______________________________________________

_______________________________________________

**9.** ¿Qué es lo más valiente que puedes hacer hoy, que te acerque un paso más hacia la vida que realmente deseas, sin importar el riesgo de fracasar?

_______________________________________________

_______________________________________________

_______________________________________________

_______________________________________________

_______________________________________________

_______________________________________________

**10.** Si supieras que el fracaso no es el final, sino solo el comienzo de una nueva fase de tu vida, ¿qué decisiones tomarías hoy que has estado postergando?

_______________________________________________

_______________________________________________

_______________________________________________

_______________________________________________

_______________________________________________

Este es tu viaje, y estas preguntas son las llaves que abren la puerta a una nueva versión de ti mismo. Toma el tiempo para reflexionar profundamente, para ser brutalmente honesto contigo mismo, y para escribir desde un lugar de valentía y convicción. Aquí, en estas páginas, comienza tu ascenso personal desde el abismo hacia la cumbre de tu potencial.

## Guía Práctica: El Arte de Perder para Ganar

En la vida, perder no es una excepción, sino la norma. Pero, ¿qué pasaría si aprendieras a perder con gracia, con propósito, y con la convicción de que cada Pérdida es simplemente un escalón hacia tu mejor versión? Esta guía no es para los débiles, es para aquellos que están listos para enfrentar la vida con una nueva perspectiva: aceptar la Pérdida, soltar el miedo y renacer con una confianza inquebrantable.

Aquí, cada paso, cada ejercicio, es una herramienta diseñada para transformarte desde dentro, para que no solo aprendas a perder, sino que lo hagas con la certeza de que estás forjando tu éxito futuro.

## Paso 1: La Introspección Brutal

## Ejercicio: El Espejo Implacable

Mírate al espejo, de verdad. ¿Qué ves cuando te observas? Dedica unos minutos a conectarte con tu reflejo, sin juzgar ni interpretar, solo observando. Ahora, responde:

¿Qué aspectos de ti mismo has evitado enfrentar?

¿Dónde te has quedado corto?

¿Qué miedos te han paralizado? Escribe todo lo que surja, sin filtros.

Este ejercicio no es cómodo, pero es crucial. Debes confrontar la realidad antes de poder transformarla. La honestidad radical es el primer paso hacia el renacimiento.

**Paso 2: Meditación para Soltar el Control**

**Ejercicio: El Abrazo de la Pérdida**

Encuentra un lugar tranquilo donde no te interrumpan. Siéntate cómodamente, cierra los ojos, y respira profundamente. A medida que inhalas, imagina que absorbes toda la energía positiva del universo. Al exhalar, libera tus miedos, tus preocupaciones, y, sobre todo, el control que intentas ejercer sobre cada aspecto de tu vida.

Repite esta afirmación en tu mente una y otra vez:

**"Acepto lo que no puedo cambiar, y libero el miedo a perder".**

Mantén este mantra durante al menos 10 minutos, sintiendo cómo cada exhalación te libera de las cadenas del control y el miedo.

**Paso 3: Acción Consciente**

**Ejercicio: La Lista del Soltar**

Toma una hoja de papel y divide en dos columnas. En la primera columna, escribe todo aquello que temes perder: personas, posesiones, status, oportunidades. En la segunda columna, junto a cada temor, escribe lo que podrías ganar si soltaras ese miedo.

Ahora, elige una cosa de la primera columna y comprométete a soltarla durante una semana. Observa cómo te sientes, qué cambia en tu vida y cómo ese espacio liberado puede llenarse con algo nuevo y mejor.

**Paso 4: Reprogramación Mental**

**Ejercicio: El Ancla de la Confianza**

Selecciona una experiencia pasada donde te sentiste completamente fracasado, y otra donde te sentiste invencible.

Cierra los ojos e imagina ambas experiencias, trayendo a tu mente todos los detalles posibles. ¨Sonidos, texturas, olores, colores, sabores, sensaciones y todo lo que puedes visualizar de ese momento¨.

Ahora, mientras sostienes la imagen de la Pérdida, empieza a superponer la sensación de invencibilidad, como si pudieras pintar sobre el dolor con los colores de la victoria. Siente cómo la confianza empieza a llenar cada rincón de ese recuerdo doloroso.

Repite esta visualización a diario, reforzando el mensaje de que la Pérdida es solo temporal y que dentro de ti siempre ha existido el poder de la victoria.

## Paso 5: Preparación para el Renacimiento

### Ejercicio: El Compromiso de Renacer

Escribe una carta a ti mismo, dirigida a la versión de ti que renacerá de cada Pérdida futura. Describe cómo te imaginas después de haber superado los desafíos que hoy temes. Sé específico, pinta una imagen vívida de tu futuro yo: más fuerte, más sabio, más decidido. Esta carta será tu contrato de renacimiento, una promesa inquebrantable contigo mismo de que, sin importar cuántas veces caigas, siempre te levantarás, más grande que antes.

## Paso 6: Celebra tu Crecimiento

### Ejercicio: Acepta el Desafío

Planifica un día donde te enfrentarás deliberadamente a algo en lo que temes fracasar. Puede ser algo pequeño o grande, pero asegúrate de que el desafío es real. Al final del día, si fracasas, celebra ese fracaso.
Sí, celebra. Date el permiso de sentir orgullo por haber tenido el coraje de intentarlo, de haber dado un paso más allá de tu zona de confort.
Repite esta práctica regularmente, y cada vez que celebres un fracaso, sentirás cómo el miedo a perder empieza a desvanecerse, reemplazado por una confianza inquebrantable en tu capacidad de renacer.

**Crea lo Inevitable**

Este manual no es solo una guía; es un pacto contigo mismo, un compromiso de que, a partir de hoy, cada Pérdida será una semilla de tu próxima victoria.

El miedo a perder ya no te controlará; en su lugar, lo usarás como combustible para impulsarte hacia la vida que mereces. Este es tu despertar, y con cada paso, te acercas más a la versión más auténtica, poderosa e invencible de ti mismo. Porque al final, perder no es más que una lección, y tú estás aquí para aprender, crecer y conquistar.

**La Vida Después de Perder**

Perder te destroza, te rompe, te deja sin aliento. Es en ese abismo donde descubres de qué estás hecho realmente. **No hay lugar para la comodidad aquí.**

La vida no te acaricia, te golpea, y lo hace sin piedad. Pero esos golpes, esos momentos donde sientes que ya no puedes más, son los que te forjan. **Cada Pérdida es una forja ardiente**, moldeándote, puliéndote, arrancando todo lo que no necesitas para que solo quede lo esencial: tu voluntad inquebrantable.

**No te engañes**: la vida no es justa, pero tampoco es el fin. Perder es solo una parte del ciclo, una señal de que estás en el camino correcto. **Si no estás perdiendo, no estás jugando lo suficientemente duro.** Cada caída es un recordatorio brutal de que estás vivo, de que estás avanzando, de que estás retando tus propios límites.

**¿Sientes las cicatrices?**

Bien. Son las marcas de tu resistencia, las huellas de una guerra que peleas cada día. No hay gloria sin dolor, no hay triunfo sin batalla. **Las cicatrices no son vergonzosas; son trofeos.**
Te muestran que no solo sobreviviste, sino que te levantaste más fuerte, más sabio, más decidido a arrasar con lo que venga.

**Prepárate para perder, porque es ahí donde realmente ganas.** Cuando la vida te tire al suelo, y lo hará, te levantas con una sonrisa feroz. **Tú decides:** ¿te quedas en el suelo o te levantas, dispuesto a destruir cualquier obstáculo que se atreva a cruzarse en tu camino?

Este no es el final; es el principio de tu verdadera historia. **La vida no te debe nada, pero tú le debes todo a ti mismo.** Sal ahí fuera y **demuestra** que perder no te quiebra, te transforma en una fuerza imparable. Conquista tu miedo, domina tu dolor, y entiende esto:

**tu verdadera grandeza se encuentra en la forma en que te levantas después de cada caída.**

GEYS GERSON

GEYS GERSON

# Dueños de Nada?

---

Vivimos con la falsa idea de que poseemos algo. Creemos ser dueños de nuestros hijos, de nuestros padres, de nuestras parejas. Nos aferramos a nuestras posesiones, nuestro trabajo, nuestras metas, nuestras memorias. Pero la realidad es brutal: no somos dueños de nada.

Los hijos no nos pertenecen; solo los guiamos hasta que el tiempo los arrebata, llevándolos hacia su propio destino. Nuestros padres y seres queridos son prestados por un tiempo indefinido. El trabajo, esa supuesta fuente de seguridad, se esfuma con un giro de la vida. Y la riqueza que tanto acumulamos… no es más que un espejismo. En un abrir y cerrar de ojos, todo puede desvanecerse.

Incluso los recuerdos, los más sagrados, pueden ser borrados sin piedad por la fragilidad de nuestra mente. No tenemos control sobre el pasado que ya se fue, ni sobre un futuro que no nos pertenece. Nos obsesionamos con lo que no podemos retener, ignorando que la única certeza que tenemos es este preciso instante.
Lo único que realmente podemos "poseer" es la capacidad de disfrutar, aunque sea por un segundo. La felicidad es efímera, un destello que no se puede almacenar.

Y eso, lo poco que nos queda, también se escapa entre los dedos. Nos engañamos al pensar que algo es nuestro. La verdad es más simple y más devastadora: somos dueños de nada, y en ese vacío, debemos aprender a encontrar paz.


**ya lo entendiste…**
**ok, prepárate para perder.**